非行者言

19世纪英国人非洲行居记录的史料价值及其利用

刘伟才 ✦ 著

上海社会科学院出版社
SHANGHAI ACADEMY OF SOCIAL SCIENCES PRESS

本书为国家社科基金重大项目"多卷本《非洲经济史》"（项目编号：14ZDB063）的阶段性成果，并受上海市高原学科世界史建设项目资助。

序言

另辟蹊径的研究

19 世纪是非洲历史上一个比较特殊的时期。

英国工业革命后,拓展海外商品市场和原料产地作为巨大的经济动因,推动英国工业资本改变了以往对于非洲的政策,即从掠夺当地的人力资源和自然资源,到把非洲建成英国的原料产地和产品消费市场。然而,要完成这个目标,英国遭遇了许多难题:首先,持续了 300 年的奴隶贸易使非洲丧失了大量人口,尤其是青壮年劳动力。人力资源的巨大损失直接扰乱和破坏了非洲各地的正常生产和生活秩序。因此,奴隶贸易的继续存在,将直接威胁非洲成为西方商品市场和原料产地的前景。其次,直至 18 世纪末,尽管西方殖民者在非洲大陆从事奴隶贸易已经持续三个多世纪,但是它们对于非洲大陆仍然知之甚少。在他们眼中,非洲大陆只是一条海岸线,而不是一块大陆,90% 以上的地区依然鲜为人知。究其原因,非洲内陆复杂难行的地形(广袤的沙漠、热带雨林等)、酷热的气候、各种致命的流行病以及非洲人民的敌视,使欧洲殖民者难以进入内陆地区。18 世纪末,非洲地图还是"一大片空白,而地理学家……犹豫不决地在空白的地图上画上几条未经勘察的河流和几个未经确定的国家的名字"。因此,不破除对于非洲内陆的无知,要在非洲建立商品市场和原料产地同样是一句空话。

为了解决上述难题,代表英国工业资本利益的资产阶级自由派提出了通商（Commerce）、传教（Christianity）、文明（Civilization）和殖民（Colonization）的方案，被称为"四 C"连祷词。所谓通商，即以合法贸易为大旗，一方面迅速剿灭奴隶贸易，另一方面则掠夺当地原料，倾销其工业产品。所谓传教，即以传播基督福音为手段，瓦解非洲传统宗教，输入西方宗教。所谓文明，即强行灌输西方文明理念，瓦解非洲传统文明，通过宣传、办学、办医院等手段，对非洲实施文化侵略。所谓殖民，则是通过上述活动，使非洲沦为西方殖民地，即西方的原料产地和产品销售市场。

为了实施上述政策，英国采取了一系列措施：

第一，禁止奴隶贸易。英国于 1807 年正式宣布禁止奴隶贸易，其后又迫使其他西方国家废除奴隶贸易。英国以巡查为名，派遣海军进入大西洋和印度洋的非洲港口。

第二，对非洲内陆进行考察。1788 年，英国成立"非洲内陆探险促进协会"（亦称"非洲协会"），开启了英国对于非洲内陆的探险考察。在一个世纪的时间里，大批探险队进入非洲内陆，对非洲内陆进行了全面和深入的考察。

第三，派遣传教士进入非洲内陆。在传播基督福音的旗号下，西方掀起了传教活动的高潮。基督教新老教派纷纷成立传教组织，诸如伦敦宣教会、英国行教会、浸礼会和白衣神父会等，派遣传教士进入非洲内陆建立教堂和教会，进行传教活动。

第四，在禁止奴隶贸易的同时，英国商人高举"合法贸易"的大旗，进入内陆，开展商业活动。

19 世纪，进入非洲内陆活动的主要是英国人，也有一些法国人、德国人、比利时人等，他们是探险家、传教士、商人、科学家、军官、政府官员等。尽管他们的职业不同、国籍不同、进入非洲活动的出发点不同，但是有一个目的是相同的，即了解非洲内陆的地理环境、经济活动、物产、当地居民的风俗习惯。英国人的内陆活动，基本上实现了西方工业资本的政策目标，即打破了西方对于非洲内陆的无知，客观上为日后西方入侵和统治非洲创造了条件。

19 世纪，西方在非洲的活动，在非洲历史上具有重要地位，但是国内学界的研究并不充分。在 20 世纪八九十年代，曾经发表过数篇文章，内容主要集中于关于禁止奴隶贸易和内陆探险的起因及其影响，对于重要的探险家和传教士也做了初步的剖析。这些研究大多还是从政治史或者经济史角度出发。

刘伟才博士的新作《非行者言：19 世纪英国人非洲行居记录的史料价值及其利用》，也聚焦于这个领域，但是颇有一些新意。

首先，这项研究为 19 世纪的非洲史研究提供了新的视角。国内以往的同类研究都以政治史或者经济史的视角出发，主要剖析 19 世纪的内陆探险、禁止奴隶贸易以及传教活动的社会历史背景，强调工业革命后西方对于非洲殖民政策所产生的变化，以及非洲传统经济受到的冲击。而本书作者却另辟蹊径，从非洲史学史的角度出发，对 19 世纪英国人在非洲活动的各种记录作为历史资料进行剖析。必须指出，研究撒哈拉以南非洲历史，尤其是古代史，一个十分棘手的难题是缺乏文字资料，这与当地流行口述文化而没有文字记录直接有关。19 世纪，以英国人为主的西方人深入非洲内陆，他们把沿途的所见所闻笔录下来，形成了十分丰富的文字资料。整理和充分利用这些资料，在一定程度上可以弥补非洲古代史的资料不足。这些资料有助于了解非洲传统社会，有助于深入剖析这一时期西方对非政策的演变，有助于了解内陆探险期间探险家们的探险历程。

其次，作者对于 19 世纪进入非洲内陆的英国人进行分类，划分为探险家、传教士、商人、殖民军人或者殖民官员。由于职业不同，他们在非洲的活动方式与目的也存在一定的差异。这样的分类符合当时的历史现实。通过对于各种职业人员的记录的分析，便于发现各类人员不同的活动内容、活动方式，及其对于非洲社会产生的影响。如果综合起来，也能够发现英国人活动的总体目的。

再次，作者对于 19 世纪进入非洲内陆的西方人的文字资料内容进行进一步分析。把它们分门别类为：关于经济史的资料；关于社会文化史的资料；关于族群、酋邦或者王国史的资料；关于重要历史人物的资料；关于重要历史进程或者事件的资料；关于特定地区的资料和图像资料。科学的分类便于了解19世纪进入非洲内陆的英国人所留资料的整体内容和涉及的方方面面，为使用这些资料提供了指导。

第四，19世纪进入非洲内陆的英国人所留下的有关资料数量多、内容丰富。如何有效地利用这些资料？作者为此提出了按题索据、交集与连续、比较与互证以及与其他类型资料的结合等四种方法。这些方法具有一定的运用价值。

总之，《非行者言：19世纪英国人非洲行居记录的史料价值及其利用》的出版，是国内非洲历史研究中一项具有开创性和学术价值的成果，它提供了研究19世纪以及之前的非洲历史的一个新视角。当然，作者的研究还只是一个开端，我们期望今后出现更多的研究成果。

舒运国

2018年4月9日

目　录

第一章
非洲史研究中的资料问题

非洲史研究面临的头一个问题是资料问题。造成这一问题的根本原因是非洲大片地区长期未能创制自己的文字。除北非、撒哈拉-萨赫勒、东北非和东非沿海地区外，非洲大片地区长期处于无文字状态。一些无文字地区后来成了有文字社会，但首先不能否认的是，部分地区的文字具有鲜明的外部性；同时也要看到，一些地区成为有文字社会已是较晚近的时候。这样一来，问题就变成：外部性的文字如何呈现内部性的东西？较晚近有文字者之前的岁月该如何处理？

一、问题的提出

在殖民主义和种族主义的裹挟之下,因无文字或少文字而导致的历史书写困难被看作是非洲落后的一个标志,其中自不乏外界对非洲的歧视和贬低,但也在一定程度上反映了客观存在的问题。而在非洲民族主义的浪潮中,一些人又在敏感脆弱的自尊心支配下刻意地试图反击,整出一套"非洲特殊论",认为在无文字或少文字的条件下也可以很好地书写历史,非洲并不一定要遵从外部或所谓"文明世界"的那一套。

将"无文字"等同于"无历史"不可接受,认为没有文字也可以很好地书写历史同样也需要慎重。问题始终在于,要尽可能地弄清问题。除了那些不由分说的殖民主义者、种族主义者和抱着愤激情绪的非洲民族主义者外,也还有一些人是比较单纯地抱着要把一些问题搞清楚的动机去努力,他们会尽力寻找文字资料,同时尽力在文字资料缺失或匮乏的客观现实下去寻找别的可能。

"二战"结束后,非洲掀起民族主义和独立解放运动的高潮,对非洲史进行研究成为非洲民族主义者和殖民宗主国所共同关注的问题。英国开始严肃地考虑设立专门的机构进行非洲史的资料搜集和研究,并选定伦敦大学东方与非洲学院的人主持相关工作。东非与非洲学院的西里尔·菲利普斯(Cyril Philips)首先前往东非调研,他对非洲史资料搜集和保存工作的薄弱感到惊讶。同时,他也清楚地看到,英国人研究的非洲只是英帝国的非洲,而不是非洲人的非洲。经过实地调研后,菲利普斯提议就非洲史研究设立两个专门职位,一个职位的担任者留驻伦敦大学,另一个则去往非洲。① 1948 年,罗兰·奥利弗(Roland Oliver)被聘为东方与非洲学院的非洲史讲师;而另外

---

① Jan Vansina, *Living with Africa*, The University of Wisconsin Press, 1974, p. 46.

一个被选聘的人是约翰·费奇(John Fage),他于 1949 年前往黄金海岸大学院(University College of the Gold Coast)。1949 年,奥利弗也去往非洲,先至加纳,然后前往乌干达和肯尼亚。1950 年返回伦敦后,奥利弗设立了非洲史学术研讨班,开始培养首批非洲史研究生。

正是奥利弗和费奇这两个人,开启了现代意义上的非洲史研究。值得注意的是,也是在 1948 年,尼日利亚的肯尼斯·戴克(Kenneth O. Dike)开始在尼日利亚收集口述资料用于撰写自己的博士论文。[①] 这可以说是非洲民族主义史家开始对非洲史进行研究的标志。

奥利弗和费奇等一众研究者是来自有文字世界,当发现非洲无文字的困难时,他们直白尖锐地指出了问题,但仍然努力寻求解决问题。戴克等民族主义史家源出于无文字世界,他们刻意地想去证明没有文字资料也能写出非洲史,但实际上仍然只能在尽可能的程度上去利用文字资料和文字本身。

从 20 世纪四五十年代往后,考古资料、口述资料、语言资料、人类学资料乃至一些自然科学成果等开始得到重视、发掘和利用,非洲一些地区和国家的历史被"颤颤巍巍"地书写出来:这些历史有的没有明确的时空信息和/或明确的人物,"可能"或类似的言辞在行文中常常出现。在这一过程中,欧美学者发挥了重大的作用,但他们无法逾越或暂时无法逾越一些客观的障碍;非洲的一些民族主义史家也进行了努力和尝试,但这些努力和尝试却不可避免地沾染了一些非洲民族主义和黑人种族主义方面的情绪——当这些情绪逐渐冷却时,问题乃然在那里。

二、考古资料与非洲史研究

在文字资料外,考古资料是历史研究最可倚赖者,但是非洲考古资料的

---

① Jan Vansina, *Living with Africa*, The University of Wisconsin Press, 1974, p. 41.

情况也不容乐观。

一方面,非洲的可考古遗存相对较少,特别是中南部非洲主要以有机材料制作生产生活器物的大片地区;另一方面,考古活动需要实实在在的物质支撑,发掘、测量和研究工作需要较多的财力和物力投入,特别是还需要相应的技术和设备,对于广大欠发达的非洲国家来说,把考古事业做好还并非其发展水平所能及。在这种情况下,大部分非洲人的考古意识和考古能力仍比较薄弱,相应所取得的考古成果也仍比较单薄。从非洲大陆层面来说,非洲现有的考古发现成果从数量上来说仍属微不足道,且呈现区域和领域的明显不平衡;从具体的国别或区域来说,考古发现往往比较单一,遗址遗存要么数量极少,要么具有同质性。

非洲的考古发现和研究成果可以分成如下几类:人类起源与发展考古、史前文明考古、北非文明考古、东北非文明考古、西非文明考古、赤道地区文明考古、东非海岸文明考古、东南非石建文明考古、南部非洲近世人群活动遗迹遗存考古。[①]

非洲被认为是人类的起源地。围绕这一主题,考古学家和古人类学家在东非-东南非作了相当长时间的努力,也收获了很多成果。在南非等地,由于采矿活动较多,考古学家和古人类学家比较容易地找到了很多人科动物特别是"南方古猿"(Australopithecus)的化石,一些人认为南方古猿属于人类的早期祖先;在坦桑尼亚、肯尼亚、埃塞俄比亚,以利基家族(The Leakeys)成员为代表的考古学家和古人类学家除了发现多种南方古猿化石外,还进一步发现了"能人"等他们认为离现代人更近的人科动物化石。不得不说,相关考古学家和古人类学家在非洲的长期努力工作令人钦佩。但遗憾的是,人类的起源和进化是一个极端复杂的问题,以我们现在所获得的证据来看,总体情况是推测多于定论。

---

① 关于非洲考古发现和研究的基本情况,可参考:Graham Connah, *Forgotten Africa: An Introdunction to Its Archaeology*, Routledge, 2004.

非洲史前文明考古伴随人类起源考古而扩展。考古学家在坦桑尼亚的奥杜瓦峡谷(Olduvai Gorge)发现了年代最早的砍砸器和手斧;在赞比亚的卡兰博瀑布(Kalambo Falls)发现了大量的砍砸器和手斧,还有修饰过的石片工具、尖状器乃至木棒、木铲等;在肯尼亚的奥洛格赛列(Olorgesailie)发现了较大面积的石制人工物品散布遗存;在南非奥兰治自由邦(Orange Free State)地区发现了居住地结构遗存。总体来看,除了样本数量不够和同质性问题外,研究者还面临概念框架和术语使用的问题:能不能把欧亚关于史前文明的概念框架和术语套用在非洲?事实证明,套用会有很多问题,但不套用也不行,因为以非洲现有的考古发现还很难立起一个属于非洲自己的框架和一套属于非洲自己的术语。

人类起源问题考古和史前文明考古包含了历史研究,但也超越于历史研究之外,单纯的历史研究者实际上很难置喙。

围绕北非和东北非文明进行的考古较为发达。古埃及迦太基之类自不必说,但它们似乎游离于一般所理解的非洲之外,或许将其归入与欧亚联系更密切的"地中海世界"更合适一些。即便是库施(Kush)、阿克苏姆(Axum)和东非海岸,就考古而言,也往往要将它们与古埃及、地中海世界、西南亚、南亚等进行联系。至于南部非洲近世人群活动遗迹遗存考古,则更多地与南部非洲的白人相关。

西非文明考古、赤道地区文明考古和东南非石建文明考古或许更能代表真正的非洲。

在西非,有针对廷巴克图(Timbucto)、杰内(Jenne)等古城的考古,有"洛克文化"(Nok Culture)的发现,有包含独特艺术的贝宁城(Benin);在赤道地区,人们根据发现的陶器来辨识和还原雨林地区人们的生活;在东南非,则有以大津巴布韦(Great Zimbabwe)为代表的一系列石建遗址。基于这些考古发现开展的研究,填补了非洲前殖民时代历史的部分空白,但相关成果仍存在较为明显的缺陷,最常见的是以点带面,基于一处遗址或遗存来写整个地区的历史;再就是不由分说地强调本土内生性,在数据并不充分的情况下拒绝一切质疑非洲人能动性的解释。就此,我们可以以大津巴布韦遗址为例来进行阐述。

大津巴布韦遗址问题是一个非常复杂的问题,也是一个冷静的专业研究者认为仍不能妄下定论的问题,而这一遗址恰恰是最为世人所知的、不容否定的非洲文明象征之一。

在涉及今津巴布韦、莫桑比克、南非和博茨瓦纳的大片地方,有一系列石建遗址。除大津巴布韦外,还有卡哈米遗址(Khami)、豹山遗址(Leopard's Kopje)、马庞古布韦遗址(Mapungubwe)等。围绕这些石建遗址的考古和研究工作,深受殖民主义、种族主义、非洲民族主义等因素的交织影响。

我们可以回顾一下大津巴布韦遗址的发现、考古和研究史。

早在 16 世纪时,进入东南非内陆的葡萄牙人就听说过石建的存在。1531 年,葡萄牙人佩加多(Vicente Pegado)曾写下文字提起这座石建:在林波波河和赞比西河之间内陆平原的金矿区有一座非常大的堡垒。这名葡萄牙人还比较细致地描述了这座石建的一些特点:石建为群山环绕,砌建似乎没有使用灰泥,有一座高塔。但是,关于这座石建的更多细节,特别这座石建的占据者及周边的居民是个什么情况,这名葡萄牙人并没有说清楚。

1867 年——距葡萄牙人首次用文字记录已经 300 多年了,一名从事狩猎、贸易和探矿活动的白人亚当·伦德尔(Adam Render)从南非的索特潘斯堡(Soutpansberg)出发,越过林波波河进入今天的津巴布韦进行狩猎,然后他就看到了大津巴布韦。此后,伦德尔在大津巴布韦东南方约 20 公里的地方定居了下来。

1871 年,德国探险家、地理学家卡尔·毛赫(Karl Mauch)找到伦德尔,与伦德尔一起对大津巴布韦进行了数次探查。毛赫将自己的探查记录发给自己的同事和德国的报纸,以至于当时很多人以为是毛赫发现了大津巴布韦。毛赫当时这样描述大津巴布韦:石建遗存分布于从山顶到山脚的广大区域,大部分已坍塌并被草树杂物覆盖。毛赫并不能确定这些建筑到底作何用,但他推断应是"堡垒"。在并没有进行科学的发掘、测量、遗物搜集整理和研究等工作的情况下,毛赫就大胆地推测石建可能跟所罗门王和示巴女王有联系——其实早前已有葡萄牙传教士论及此。在此推测支配之下,毛赫把他在石建遗址找到的一条楣梁看作是由黎巴嫩雪松木制造,而雪松木则是由腓尼基人带至;进一步推导,毛赫称大津巴布韦是耶路撒冷的所罗门王神庙的模仿品。

1891 年,一位富有的英国旅行家和古物学家本特(Theodore Bent)与他的妻子一道对大津巴布韦进行了调查研究,他在 1892 年出版的《马绍纳兰的城墟》中提出,大津巴布韦可能是古代的腓尼基人或者阿拉伯人建造的。[①]在 1902 年版的《马绍纳兰的城墟》中,本特进一步称大津巴布韦应是由闪米特的阿拉伯种人建造,他们是重商者,而石建是他们在非洲的商务基地或办事处。[②]

1904 年,另两位研究者——霍尔(Richard Nicklin Hall)和尼尔(W. G. Neal)——又进一步对毛赫和本特的观点进行了演绎。他们对包括大津巴布韦在内的多处石建遗址进行了调查研究,同时利用了其他多人对相关石建遗址进行调查研究的成果,表示认可盛行的罗得西亚(当时的称谓)境内的石建与南阿拉伯人和腓尼基人密切相关的观点,并提出"罗得西亚-俄斐论"(The Rhodesia-Ophir Theory),认为罗得西亚就是《圣经》所说的俄斐(Ophir)。但两人也表示,罗得西亚境内的石建遗址还并未得到全面而充分的调查研究,因此并不能排除会出现其他的解释。[③]

---

① 　J. Theodore Bent, *The Ruined Cities of Mashonaland: Being A Record of Excavation and Exploration in 1891*, Longmans, Green, and Co., 1892.

② 　J. Theodore Bent, *The Ruined Cities of Mashonaland: Being A Record of Excavation and Exploration in 1891*, Longmans, Green, and Co., 1902.

③ 　Richard Nicklin Hall and W. G. Neal, *The Ancient Ruins of Rhodesia*, Methuen & Co., 1904.

确实，疑点仍然很多。比如有人就提出，在大津巴布韦石建遗址里发现的很多日常用品遗物与当时绍纳人日常用品是一样的。也就是说，即便不能说大津巴布韦的占有者就是绍纳人，但也绝不可否认他们与绍纳人之间的密切联系。但是，在当时盛行的贬低非洲人的潮流之下，建造石建的能力是不可能被赋予非洲人的。

1905 年，考古学家大卫·兰德尔-麦克尔弗（David Randall-Maclver）经过调查研究后，提出大津巴布韦从各个方面来看都无疑是出自非洲人之手。[①] 但这一观点遭到很多人的反对和攻击。

实际上，有人质疑，以大津巴布韦遗址当时受破坏的状况，根本不可能进行充分的研究，因此，任何研究结论都可能是有问题的。

早期对大津巴布韦遗址的考察和发掘往往都是与寻找黄金相关。一些古物爱好者虽然说是从考古的角度来开展工作，但他们的非专业行为也造成了一些问题，比如不顾地层状态开展发掘——如当时担任大津巴布韦遗址管理人的霍尔，他用了两年的时间进行发掘，对地层状态造成了极大的破坏，后世的考古学者视此为大劫；霍尔对一些他觉得可能没有什么价值的物品没有进行有效的搜集、测量和记录，一些瓷器和陶器碎片和一些看起来与当时绍纳人日常用品无异的遗物被随意搅乱弃置；霍尔没有注意搜集与大津巴布韦遗址相关的人类学数据，对遗址周边居民没有进行有效的访谈和口头资料搜集。而实际上，自 19 世纪 30 年代开始，姆法肯战争的影响波及大津巴布韦遗址所在的地区，一轮一轮的侵袭和逃难人群经过，等到 19 世纪末白人开始关注遗址时，他们所面对的遗址周边的居民已早不是对遗址有浓厚或者确切记忆的人群。

总而言之，当专业的考古学者进入时，这块地方早已被白人猎人、黑人放牧者、各路游荡人群乃至牲畜、野兽等破坏，考古学者接手的并不是一个原初的遗址：地层状态被打乱、具有考古价值的遗物或被拣走或被打乱抛弃。而

---

① David Randall-Maclver，*Medieval Rhodesia*，Macmillan，1906.

当有人意识到这些问题后，又出现了更大的破坏：一些保护者出于"好意"，对一些坍塌的部分进行了修整重建。1912 年，一些人提出，遗址确实被破坏得厉害，得想点办法。于是，时任遗址管理者华莱士（C. A. Wallace）就进行了一些整理修缮工作。但是，从考古的角度来看，这种保护实际上是破坏。

1929 年，曾在埃及进行考古发掘研究工作的女考古学家杰特鲁德·卡顿-汤普森（Gertrude Cator-Thompson）受邀对大津巴布韦遗址以及罗得西亚境内的其他类似遗址进行发掘研究，希望能揭示出相关遗址的特征、年代和建造者的文化状况等。卡顿-汤普森先对大津巴布韦遗址的山地部分（the Hill Complex）进行了试掘，发现了一些家用陶器和铁制品；随后在"大石围"部分（the Great Enclosure）和谷地部分（the Valley Complex）又发现了更多的陶器和铁制品，还有一些外部输入物品和一件金镯。在掘获的外部输入物品中，有在年代上属于八九世纪的南亚和马来半岛的玻璃珠，有 13 世纪的波斯瓷器，有 13—15 世纪间的中国瓷器，有十三四世纪的阿拉伯玻璃——有的是光玻璃，有的有釉质装饰和刻画。此外，还有非洲人制物品，在地层上部和下部均有发现。卡顿-汤普森的发现似乎印证了兰德尔-麦克尔弗的观点，即大津巴布韦是操绍纳语的非洲人的杰作。[1]

1958 年，罗宾逊（Keith Radcliffe Robinson）等人在大津巴布韦遗址山地部分的西部进行发掘，他们找到了一块未受破坏的遗存点，并在这个点的地层深部发现了茅屋地基，还有与地基遗存相关联的玻璃珠和陶器碎片。[2] 据此，罗宾逊进一步确认了大津巴布韦石建是来自非洲人的观点。值得一提的是，罗宾逊还对卡哈米石建遗址进行过发掘研究。[3]

---

[1] Gertrude Caton-Thompson, *The Zimbabwe Culture*, Clarendon Press, 1931.

[2] Roger Summers, K. R. Robinson and Anthony Whitty, *Zimbabwe Excavations 1958*, National Museums of Southern Rhodesia, 1961.

[3] K. R. Robinson, *Khami Ruins: Report on excavations undertaken for the Commission for the Preservation of Natural and Historical Monuments and Relics*, *Southern Rhodesia*, 1947 - 1955, Cambridge University Press, 1959.

汤普森和罗宾逊的依据均是地层理论,即在石建遗址的底部或深部发现的是非洲人的遗物,但是这种看法并没有考虑可能会出现的地层扰乱和相关联的遗物污染。或者说,以当时遗址的状况,已无法确定地层到底有没有被扰乱、遗物到底有没有被污染。

考古学家定下基本的调子后,历史学家登场。

1971 年,罗杰·萨默斯(Roger Summers)出版了《南部非洲的古城遗址和消失的文明》;[①]1973 年,津巴布韦本土出生的白人考古学家和历史学家彼得·加雷克(Peter Garlake)出版了《大津巴布韦》。[②] 两书——特别是加雷克的著作——对围绕大津巴布韦的调查和研究历程进行了全面的回顾,对当时所能获得的数据资料进行了全面的总结,对大津巴布韦遗址本身也进行了比较全面的描述。在此基础上,围绕大津巴布韦的历史被比较全面地演绎出来:大津巴布韦的建造者应是某支以畜牧为主的非洲人族群,他们可能来自马庞古布韦所在的林波波河谷地区;大津巴布韦的主体建筑工作可能从 12世纪初左右开始,而续建工作和被占用可能一直持续到 15 世纪中叶;大津巴布韦代表的文明在其发展的高峰时期,可能有逾 10 万人口,他们在石建内部和周边居住和生活,主要从事养牛、采金和采铜等活动,同时猎取象牙来与东非海岸的阿拉伯-斯瓦希里商人进行贸易。

大卫·比奇(David Norman Beach)在 1980 年出版了《绍纳人与津巴布韦:900—1850 年》,他承认绍纳人在大津巴布韦及其周边的土地上缔造了较为发达的文明,以大津巴布韦为代表的石建就是这种较发达文明曾存在的证据。但是,比奇否认存在一个统一的、以大津巴布韦为中心的绍纳人大国。在比奇看来,津巴布韦土地上的诸多石建来自各自独立的多个人群,这些人

---

① Roger Summers, *Ancient Ruins and Vanished Civilizations of Southern Africa*, T. V. Bulpin, 1971.

② Peter Garlake, *Great Zimbabwe*, Thames and Hudson, 1973.

群虽然都可归属为绍纳人，但实际上各支之间的自主性差异仍然很多。①

在非洲和非洲人的主体性被确认后，任何反对者都容易被定义为贬低非洲和非洲人的种族主义。

但实事求是地说，争论仍在继续，质疑仍然存在，主要原因有二：首先，无论是大津巴布韦、卡哈米这样较大规模的遗址还是一些零星的小石建，在考古学家投入发掘和研究时多已受到多种破坏，早非原初的状态，由此而来的研究成果都可能有问题；其次，在包括津巴布韦在内的广大地区，石建遗址甚多，在没有对它们进行充分全面的调查研究之前，说任何结论都可能为时过早。

围绕大津巴布韦遗址的考古和研究比较充分地呈现了非洲考古和相应的历史研究的问题：考古本身存在不足、考古能呈现的资料比较单薄、以单薄的考古资料"以点带面"和"以小见大"的说服力不够。

三、口述资料与非洲史研究

在文字资料和考古资料缺失或存在缺陷的情况下，口述资料一度被当作非洲史研究的突破口。

在以口述资料写非洲史并探索相关理论方面，让·范西纳(Jan Vansina)作出的贡献最为突出。

范西纳于1929年生于比利时安特卫普(Antwerp)，他先就学于一宗教机构，后进入鲁汶(Leuven)的天主教大学(The Catholic University)。随后，范西纳受王家比属刚果博物馆(The Royal Museum of the Belgian Congo)聘，成为比利时中部非洲研究所(The Institute for Research in Central Africa)的一名人类学调研工作者。1953年，范西纳抵达非洲，开始在比属刚

---

① David Norman Beach, *The Shona and Zimbabwe 900 - 1850: An Outline of Shona History*, Heinemann, 1980.

果的库巴人(Kuba)地区开展工作。在 1953—1956 年间,范西纳在库巴人地区参与并记录当地人的生活特别是各种仪式,学习并研究当地语言,搜集口述资料。在这期间,通过参加集体项目、研讨会、学术会议等,范西纳接触了当时非常活跃的来自考古学、人类学、语言学、艺术史、科技史等多个学科和领域的非洲研究学者。

1956 年,范西纳回到比利时,以自己在刚果搜集到的资料为基础撰写论文,并决定以此申请历史学博士学位。范西纳最终完成的论文题为《口述资料的历史价值:库巴史的应用》(*The Historical Value of Oral Tradition: Application to Kuba History*),这一论文以口述资料为基础来写库巴人地区在殖民时代之前的历史。然而,在申请博士学位的问题上,范西纳遇到了麻烦。当时普遍流行的观点仍然认为殖民时代前的非洲没有历史,口述资料的价值也未被广泛接受,而且当时在比利时也没有正式的非洲史学科和被认可的非洲史学者。当范西纳申请按历史学论文的标准和程式来答辩并获得相应博士学位时,鲁汶大学校方拒绝,理由是这一论文属于民族志而不是历史学。在范西纳的一再要求下,校方又声称没有相应的学者有相应的知识和能力来主持这一论文的答辩——这在一定程度上可以说是事实。但最终,范西纳的要求被勉强接受,论文被认定属于历史论文,答辩在 1957 年 10 月举行并获通过。但是,质疑仍然存在,范西纳仍然被看作是一个民族志作者,而非一个历史学家。

1961 年,范西纳出版以法文撰写的《口述史学方法论》(*De la tradition orale: essai de methode historique*, Tervuren, 1961)。这本书很快引起国际性反响,随后被译为英语、西班牙文、意大利文、阿拉伯文等出版。

在范西纳看来,口述资料是未被写出的信息,保存在一代又一代人的记忆里。尽管它在当下被讲出,但它包含着来自过去的信息。[①] 口述资料和书

---

① Jan Vansina, *Oral Tradition as History*, The University of Wisconsin Press, 1985, pp. ⅺ-ⅺ.

面资料都是从过去传递到现在的信息，都能在重构过去的过程中发挥作用。口述资料能为其他资料提供印证，就像其他资料能为口述资料提供印证一样。① 而在没有或者几乎没有书面材料的情况下，口述资料必须在重构过去中发挥作用，尽管必须充分认识到其局限性。② 口述资料的价值还在于，它可以提示我们应追索哪些问题，它能提出一些基本的假设，能指引进一步的研究。③

范西纳对口述资料本身和将口述资料运用于非洲史研究进行阐述。他对作为信息的口述资料的生成和传播进行了论述，强调将口述资料与其所在的社会相联系，结合起来互证分析。他对口述资料的形式和内容进行了系统的介绍，将非洲的口述资料具体分为记忆性讲说、历史歌谣、个人传说、起源传说、史诗、故事、谚语、格言等多种形式，并通过分析其语言形式、内部结构和体裁风格来明确各自的意义和局限。他非常重视口述资料被接受的过程特别是在被接受过程中可能发生的问题，强调口述资料的有效性和重要程度根据空间和时间不同而有所不同，强调要考虑某些口述资料本身的时空信息缺失和神秘难懂，要考虑口头传说在传递过程中因记忆失败、控制性叙述和解释性篡改而造成的混乱或者失真。他根据自己的实践经验和理论理解对口述资料的搜集和运用进行了介绍。他强调口述资料首先必须实地搜集，需要一定长时间地待在当地并掌握当地语言，除此之外，还要有效地认识所在的环境和寻找信息提供者，而搜集和记录过程本身也要遵循一定的规范，要注意通过比较来厘清针对同一对象而出现的不同说者和不同时空下的不一致，特别要注意避免说者和听者的理解不一致。④

除从理论上进行阐释外，范西纳还对口述资料进行具体运用，其主要著

---

① Jan Vansina, *Oral Tradition as History*, The University of Wisconsin Press, 1985, p. 199.
② Jan Vansina, *Oral Tradition as History*, The University of Wisconsin Press, 1985, p. 199.
③ Jan Vansina, *Oral Tradition as History*, The University of Wisconsin Press, 1985, p. 200.
④ Jan Vansina, *Oral Tradition as History*, The University of Wisconsin Press, 1985; Jan Vansina, *Oral Tradition: A Study in Historical Methodology*, Transaction Publishers, 2006.

作都不同程度地利用了口述资料。

在《稀树草原诸王国》（*Kingdoms of the Savanna*）一书中，范西纳利用了从奔巴人（Bemba）、洛兹人（Lozi）、隆达人（Lunda）、卢巴人（Luba）、库巴人、伊姆班加拉人（Imbangala）和奥文本度人（Ovimbundu）等族群[①]中获得的口述资料，包括统治者身边专司重大事件记忆和讲述的官员以及坟墓守护者保存的口述资料、关于族群亲缘关系的口述资料、仪式描述资料、史诗性质的歌谣、起源神话、关于作物和某些贸易商品的传说等。通过这些口述资料，范西纳对稀树草原居民的物质文化与经济生活、社会组织、政治结构、宗教信仰等进行了勾画，对稀树草原上的古刚果王国（Congo Kingdom）、卢巴王国（Luba Kingdom）、库巴王国（Kuba Kingdom）、隆达王国（Lunda Kingdom）、恩东哥王国（Ndongo Kingdom）、卡曾伯王国（Kazembe Kingdom）、洛兹王国（Lozi Kingdom）[②]的兴起、演变和衰落进行了探讨，总结了稀树草原上主要王国的三个特征：统治者只在政治意义上具有最高地位、王位继承易引发内部冲突、王国的地方往往高度自治从而易于分离。此外，范西纳还结合来自欧洲和阿拉伯世界的文字资料对诸王国与外部力量——包括葡萄牙殖民者、荷兰殖民者、阿拉伯-斯瓦希里商人——的互动进行了分析。《稀树草原诸王国》第一次比较完整地呈现了大致包括今刚果（金）西部和中南部，今安哥拉北部和东北部以及今赞比亚西部、北部和东北部在内的广大地区的历史，明确了刚果河流域古王国存在的切实性和其发展的独立自主性，对当时仍盛行的认为这一地区没有历史的论调作了强有力地驳斥。[③]

在《现代卢旺达的前身：尼伊津亚王国》（*Antecedents to Modern*

---

① 奔巴人和洛兹人主要分布于今赞比亚，隆达人主要分布于今刚果（金）和赞比亚，卢巴人和库巴人主要分布于今刚果（金），伊姆班加拉人和奥文本度人主要分布于今安哥拉。

② 古刚果王国范围大致包括今刚果（金）西部、安哥拉东北部、赞比亚西北部；卢巴王国和库巴王国大体位于今刚果（金）中部；隆达王国范围大致包括今刚果（金）中南部和赞比亚北部；恩东哥王国主体位于今安哥拉；卡曾伯王国和洛兹王国主体位于今赞比亚。

③ Jan Vansina，*Kingdoms of the Savanna*，The University of Wisconsin Press，1968.

Rwanda: The Nyiginya Kingdom)一书中,范西纳利用了关于尼伊津亚王国的口述资料,包括官方掌控的宫廷仪式讲述资料、王朝诗歌、王系传承资料以及流传在民间的传说资料。在这些口述资料中,最重要的是两个系统的起源传说,一个以传说中的"从天而降"的第一任国王基格瓦(Kigwa)为线索,一个以缔造王国第一个繁荣时期的"文化英雄"基汉加(Kihanga)为中心,这两套传说包含尼伊津亚王国王系传承和社会发展及分层的信息;此外,还有关于多位国王的口述资料,特别是关于奠定王国基础的恩多里(Ndori)的口述资料,它讲述恩多里从北方来,携带大批牲畜,很快在今卢旺达中部地区获得大批支持者,这些支持者一部分成为恩多里的"封臣",一部分则以独立身份与恩多里结盟。而在描述恩多里时期仪式的口述资料中,尼伊津亚王国的政治机制得到明确:恩多里的王庭为中央,通过给予牲畜使用权来吸纳和维系支持人群和武装队伍,各核心支持者定居点形成拱卫的地方,定期通过仪式向恩多里示忠。随后,范西纳又利用关于几位国王的口述资料,对尼伊津亚王国18世纪的政治发展和对外扩张、19世纪的社会变动特别是19世纪末期的混乱进行了描述。以口述资料为基础,范西纳重现了尼伊津亚王国从17世纪到19世纪末20世纪初的经济生活、政治进程和社会变动,并将其与现代卢旺达的发展相印证。①

　　范西纳强调非洲口述资料的宝贵性,并坚持非洲史研究中利用口述资料的必要性。但是,口述资料本身具有不可回避的主观性、不稳定性、易发生传递错误、易消亡等缺陷,而在非洲的条件下,口述资料还往往存在时空框架缺失的问题,特别是时间缺失。最初,学术界对范西纳的工作持几乎完全否定的态度,不认为口述资料可以作为历史资料,因为那只是一种"当下表演的成果"(a product of contemporary performance),而不是"过去的遗产"(a heritage of the past),口述资料只是"传说"(fiction),不是"事实"(fact),而以

---

① Jan Vansina, *Antecedents to Modern Rwanda: The Nyiginya Kingdom*, The University of Wisconsin Press, 2004.

口述资料为基础撰述的成果也就不可能是历史。[①] 20 世纪 70 年代时,范西纳指导下的一名研究生也对范西纳提出质疑,他在对安哥拉的一个古王国的口述资料进行研究后称:口述资料不应该被用文字来解释,研究者只能通过对社会组织和社会观念进行研究后对口述资料的叙事环境进行解读。[②] 学术界愿意承认范西纳本人及其研究工作的出色卓异,但不完全认可其理论方法,更对其相关著作的可靠性存疑。在面对质疑时,范西纳初期的反应是据自己的"理"力争,有一定的意气因素。但到了后来,范西纳也不得不承认过分依赖口述资料的脆弱性,不得不正视非洲口述资料缺失时间框架这一"硬伤"。

在范西纳开辟以口述资料研究非洲史的路径之后,一些非洲研究学者进行了进一步的尝试和探索,非洲的学者更是如获至宝,因为他们觉得发现了一套为非洲"量身定制"的理论和方法。口述文化传统被提高到非洲特色传统的地位,口述资料得到一些国家和研究机构的有组织搜集和利用,出现了一批以口述资料为基础的研究成果。非洲的学者开始提出,非洲史研究没有口述资料不行,这既是说非洲史研究对口述资料有依赖,也是说非洲史研究必须使用口述资料——即便其他资料充分地存在。

然而,作为路径开辟者的范西纳本人却逐渐地意识到口述资料存在的不可克服的问题。在《乌特之子:库巴人的历史》(*The Children of Woot: A History of the Kuba Peoples*)一书中,范西纳呈现出很多口述资料运用的窘境:在讲到库巴人的起源时,范西纳使用的口述资料有至少七个不同版本,同时却又找不到可以证明哪一个版本更加真实或者更贴近真实的证据;[③]而在论及库巴人的迁徙扩张史时,范西纳大篇幅地陈述了从库巴人那里获得的

---

① Jan Vansina, *Living with Africa*, The University of Wisconsin Press, 1974, pp. 208 – 210.

② Jan Vansina, *Living with Africa*, The University of Wisconsin Press, 1974, p. 209.

③ Jan Vansina, *The Children of Woot: A History of the Kuba Peoples*, The University of Wisconsin Press, 1978, pp. 29 – 31.

口述资料，但最终却告知读者，这些口述资料所涉及的地理地形跟现实中的地理地形多有不符。①

但是，范西纳认为口述资料的不足可以通过不懈地寻找其他资料来进行补足。在范西纳看来，非洲史研究仍处在并且可能长期处在一个初级阶段，后面的路还很长，口述资料是有不足，但一切还只是个开始。② 更为重要的是，面对外部资料在数量和质量上具有压倒性优势的局面，非洲史研究要想真正达成以非洲的视角看非洲，恐怕还是要在很大程度上依赖口述资料，因为相对于外部的文字资料而言，非洲的口述资料可能更能凸显非洲真实的过去和内在的价值。更为重要的是，必须承认非洲史研究有其特殊性，由于没有或几乎没有文字资料，重建非洲某些地区在某些时期的历史的很多责任必须由口述资料来承担。③ 与此同时，范西纳也开始探索以多学科、多种资料相结合的方式进一步研究非洲史。

口述资料在非洲史研究中仍占据非常重要的地位，但不能单纯依靠口述资料也已成为一个共识。

四、语言资料与非洲史研究

语言学可以通过对某些语言进行比较研究，寻找操相关语言的族群之间的关系，从而了解特定地区的人口流动、族群间互动，特别是通过对某些表示

---

① Jan Vansina, *The Children of Woot: A History of the Kuba Peoples*, The University of Wisconsin Press, 1978, pp. 24 - 35.

② Jan Vansina, *Living with Africa*, The University of Wisconsin Press, 1974, pp. 208 - 210; David Newbury, Contradictions at the Heart of the Canon: Jan Vansina and the Debate over Oral Historiography in Africa, 1960 - 1985, *History in Africa*, Vol. 34, 2007; Jan Vansina, Is Elegance Proof? Structuralism and African History, *History in Africa*, Vol. 10, 1983; Jan Vansina, *Oral Tradition as History*, The University of Wisconsin Press, 1985.

③ Jan Vansina, *Oral Tradition as History*, The University of Wisconsin Press, 1985, pp. 186 - 201.

作物、牲畜、商品、人物头衔、宗教性活动等的词汇进行分析,可以认识特定人群的经济、政治和社会生活。①

19 世纪时,在非洲的欧洲殖民者,发现中南部非洲广大地区黑人居民的语言具有相似性;1886 年,英国殖民者哈里·约翰斯顿(Harry Johnston)明确提出这林林总总但存在某些联系的语言应是由某一共同语言演化而来;②20 世纪 20 年代,长期在非洲活动并对非洲语言进行研究的德国传教士戴德里希·威斯特尔曼(Diedrich Westermann)提出,班图诸语言和西非地区语言之间多有联系。这一论断被后来的一些学者接受并进一步深化研究。20 世纪 60 年代,美国语言学家约瑟夫·格林伯格(Joseph Greenberg)通过大量的搜集和比较,对非洲语言进行了分类。格林伯格确证了威斯特尔曼所言的班图人诸语言和西非地区语言之间的联系,并将相关区域的语言归入他命名的"尼日尔-刚果语系"(Niger-Congo)。③ 在这些发现和研究的基础上,通过语言来重构中南部非洲的历史成为非洲史研究中的一个重要领域。

在以语言资料研究非洲史方面,作出突出贡献的也是范西纳。

范西纳之以语言学方法研究非洲史,主要是基于三点,首先,语言学家对非洲语言进行的研究不断取得能启发并实际支撑非洲史研究的成果;其次,范西纳认为语言是过去的遗产,是一种"长期性的口述资料";④再次,由于长期在非洲生活和调查研究,范西纳本人比较擅长利用非洲语言资料。

在《雨林中的路:赤道非洲政治传统史》(*Paths in the Rainforests:*

---

① Jan Vansina, *Oral Tradition: A Study in Historical Methodology*, Transaction Publishers, 2006, pp. 173 – 182.

② Jan Vansina, Bantu in the Crystal, *History in Africa*, Vol. 6, 1979.

③ Roger Blench, Recent developments in African language classification and their implications for prehistory, in Thurstan Shaw, Paul Sinclair, Bassey Andah and Alex Okpoko (ed.), *The Archaeology of Africa: Food, Metals and Towns*, Routledge, 1993, pp. 128 – 134.

④ Jan Vansina, *How Societies are Born: Governance in West Central Africa before 1600*, University of Virginia Press, 2004, p. 4.

Toward a History of Political Tradition in Equatorial Africa）一书中，范西纳对赤道非洲①的历史进行了重现。在这本书出现之前，普遍流行的观点是，赤道非洲地区环境恶劣，这里的居民只是不断地努力维持生存，他们有的只是人口数量的变动和人群的流动，而没有历史。更为关键的是，即便承认这一地区有历史，那么在通常性的资料如此缺乏的情况下，又该如何重现？如果无法重现的话，那么这一地区还是只能说没有历史。范西纳直面这些问题，他提出，语言是附着于事物的标签（Words are the tags attached to things），②历史学家可以通过语言来认识事物的形式与内容，通过认识语言的变与不变来认识事物的变与不变。这样的话，研究赤道非洲地区居民的语言，就可能获知这一地区的历史。

　　范西纳对赤道非洲地区的约147种语言中的词进行比较研究，他将这些词按所指分成九类：社会单位（social units）、社会地位（social status）、社会活动（social activities）、食物生产的技术与工具（food production：techniques and tools）、驯化植物与动物（domestic plants and animals）、制造业的技术与工具（industries：techniques and tools）、交换（exchange）、灵与力（spirits and forces）、宗教人员与活动（religious experts and activities），③以此重现赤道非洲地区黑人的经济活动、社会生活以及宗教观念和形式，并演绎这一地区的政治传统发展。《雨林中的路：赤道非洲政治传统史》告诉人们，广阔的赤道雨林地区绝不仅仅是地图上的一抹绿色，它不是静止的，也不是单一的，它可以划分成约200个次区域社会，它们各不相同，每一个次区域社会自身也很复杂，这里除了人口数量的变动和人群的流动外，还有政治、社会和经济方面

① 大致包括今喀麦隆南部、今加蓬、今赤道几内亚、今刚果（布）、今卡宾达（Cabinda，属今安哥拉，为安哥拉的一块飞地）、今刚果（金）和今中非共和国的部分地区。

② Jan Vansina, *Paths in the Rainforests: Toward a History of Political Tradition in Equatorial Africa*, The University of Wisconsin Press，1990，p. 11.

③ Jan Vansina, *Paths in the Rainforests: Toward a History of Political Tradition in Equatorial Africa*, The University of Wisconsin Press，1990，pp. 267 - 301.

的变动,也有观念、价值和意识形态方面的变迁。[①]

在《社会如何产生:1600 年前中西部非洲的政制》(*How Societies are Born: Governance in West Central Africa before 1600*)一书中,范西纳通过对中西部非洲[②]黑人居民的语言进行搜集和比较研究,重构了这一地区的经济史并以此为基础探讨了这一地区政治体制的发生发展史。这一地区黑人所操语言属班图语的一支,称"恩吉拉语"(Njila),操原恩吉拉语(Proto-Njila)的人群居住在今刚果(金)的基韦努河流域中部(Middle Kwilu)。在从公元前 3 世纪开始到公元 500 年左右的约 800 年时间里,恩吉拉语从基韦努河流域中部地区传播到奥卡万戈三角洲(Okavango Delta)东部地区,亦即从今刚果(金)中西部到今纳米比亚北部-博茨瓦纳西北部一带。这样,整个具有以语言为主要反映载体的内在一致性的中西部非洲就形成了。而从约公元 700 年到公元 1000 年的时间里,在中西部非洲出现了辐射范围在今安哥拉、纳米比亚和博茨瓦纳接界地带的贸易中心迪乌尤(Divuyu),产生了以高粱和小米为主要种植作物的农业、以牛为主要牲畜的牧业。在随后一直到公元 1600 年的时间里,这里的社会政治组织从村庄发展成酋邦,开始出现集中化的权力层级和体系以及表达此种权力和体系的称号、象征物品、观念等。

对这一段历史的重构,范西纳主要依靠的就是恩吉拉语中的词汇:通过指代林中和草地中田地、多种块茎作物、酒棕、鱼、鱼线、鱼钩、独木舟、陶工以及表达"种植""划桨""获取食盐""加工石或木""编""织"意义的词,范西纳指出操恩吉拉语者曾居住在靠近河谷的雨林地区,他们既种植作物,也从事渔业,同时还有多种手工业;[③]指代户、火塘和议事屋等的词以及表示群体、亲

---

① Jan Vansina, *Paths in the Rainforests: Toward a History of Political Tradition in Equatorial Africa*, The University of Wisconsin Press, 1990.

② 大致包括今刚果(金)中西部、今安哥拉、今赞比亚西部和今纳米比亚北部。

③ Jan Vansina, *How Societies are Born: Governance in West Central Africa before 1600*, University of Virginia Press, 2004, pp. 44-46.

属等的词,可以表明存在由一定数量人口组成的家庭以及更进一步的村社共同体;①而根据酋长指代词汇的传播和语音变迁以及逐渐出现"次级酋长""地区酋长""贡品"等意义词汇以及包含"首都"含义词汇的情况,范西纳也构拟出这一地区的政治发展历程;此外还有表示社会和宗教生活的指代仪式、灵媒、治愈者、符咒、神祠以及表示"被施巫术"意义的词,这些词又可以比较完整地呈现这里的宗教生活——而这种宗教生活又恰恰与政制密切相关。②

尽管范西纳做出了卓异的开创性工作,但也如口述资料一样,单纯的语言资料也存在缺陷,其中最显著的就是有效时间框架缺失。以语言变迁来考察非洲历史,特别是殖民时代前的历史,往往需要以百年乃至千年为单位,我们通过语言可以知道经过数百年或数千年后发生了什么变化,但却无法明了这数百年或数千年间的具体情况,这样的历史未免太过粗略。即便可有所谓宏观历史,但真正有效的宏观历史从来都应该是建立在中观和微观历史基础之上。非洲史和非洲历史语言学学者克里斯托弗·埃赫雷特(Christopher Ehret)盛赞《雨林中的路:赤道非洲政治传统史》这本书,称其写出了赤道雨林地区从前 3000 年到 1000 年的历史。③ 但这所谓的"4000 年"历史,中间只有粗略而不可靠的阶段划分,基本没有具体的时间,也缺失具体的人物和历史事件。

除范西纳外,在以语言资料研究非洲方面的重要学者还包括克里斯托弗·埃赫雷特和罗杰·布伦奇(Roger Blench)。其中,罗杰·布伦奇比较客观地对非洲史研究的资料问题进行了应对,他首先强调语言资料的重要性并探索其利用,特别是在非洲史前经济史方面的利用,但他同时也关注利用考

---

① Jan Vansina, *How Societies are Born: Governance in West Central Africa before 1600*, University of Virginia Press, 2004, pp. 47 - 51.

② Jan Vansina, *How Societies are Born: Governance in West Central Africa before 1600*, University of Virginia Press, 2004, p. 51.

③ Jan Vansina, *Paths in the Rainforests: Toward a History of Political Tradition in Equatorial Africa*, The University of Wisconsin Press, 1990, on the backcover.

古资料、人类学资料乃至分子生物学方面的研究成果等。他提出了一个"重构非洲过去"的方法论框架,提出以文字资料和分子生物学研究成果为基础,然后再辅以比较人类学、比较语言学、历史语言学、考古学、考古人类学、考古自然科学等学科的支持,以多学科相结合的方式来研究非洲史。①

从可靠性方面来说,语言资料要比口述资料高,尽管它也存在这样那样的问题。但从现实的情况来看,关于非洲语言的资料搜集和整理工作仍处在比较初级的阶段,利用其开展历史研究也是在不断尝试的过程中。而且,非洲学者自身在这方面的工作仍然很不够,一些开创性的工作,仍然是由欧美学者主导完成,这也是值得注意的问题。

五、人类学资料与非洲史研究

人类学资料是民族调研工作者和人类学家对当时当地的记录,这些对"当时"的记录可以用来模拟或辅证"当时"之前的过往;而对于后世来说,"当时"的记录也就是关于"当时"的历史。

殖民统治在非洲建立后,英法等宗主国和在非洲具体地方的殖民当局都意识到要了解非洲,特别要了解非洲人,因为只有这样才能更好地施政施策。一方面,宗主国的殖民事务管理部门和在殖民地的当局会专门组织力量或设置机构对相关地区进行自然、地理、历史、社会、文化等方面的调查和数据搜集。比如,在南部非洲的白人移民殖民地南非和南罗得西亚,都有所谓"土著事务部"(Native Affairs Administration),它们管理土著事务,当然也要对土著的情况有比较全面和深刻的了解,而一些土著事务官员本身也会留下一些记录。这些资料和数据都可以归入人类学资料一类。另一方面,一些研究机构也组织人类学家在非洲开展田野调查和研究工作。这些人员有的来自宗

---

① Roger Blench, *Archaeology*, *Language and the African Past*, AltaMira Press, 2006.

主国的高校和研究机构,有的是从各相关国家招募,他们的工作一般都得到宗主国和殖民地当局的资助,有明确的"决策咨询"功能,但其所贡献的成果也具有很高的资料和学术价值。

在对非洲进行人类学调查和研究方面,最为突出的是北罗得西亚(今赞比亚)的罗得斯-利文斯顿研究所(Rhodes-Livingstone Institute)。

1933 年末,北罗得西亚总督(The Governor of Northern Rhodesia)在一次与人交谈中提到要建立一个研究机构。因为同时在场的还有一位名叫奥黛丽·理查斯(Audrey Richards)的女人类学家,总督就礼貌性地说这个研究机构也应从事人类学研究。1934 年 8 月,北罗得西亚总督正式提出了在利文斯顿建立博物馆和研究机构的申请,并说明研究所的主要工作是进行考古学、地质学以及人类学方面的研究。他指出,对北罗得西亚铜矿区的城市发展以及周边供应劳动力的农村进行研究非常必要,它将有助于殖民统治当局制定合理的政策。

1938 年,罗得斯-利文斯顿研究所正式成立。研究所先后由戈德福里·威尔森(Godfrey Wilson)、马克斯·格拉克曼(Max Gluckman)、伊丽莎白·科尔森(Elizabeth Colson)等任所长,他们广招英语世界的著名学者对中部非洲的非洲人族群进行调查和研究,编辑出版了多种资料文本和以田野工作为基础的著作,一批以研究某一非洲人族群而知名的人类学家涌现出来。较早时期的研究人员主要包括戈德福里·威尔森和奥黛丽·理查斯,前者主要对坦噶尼喀的尼亚库萨-恩贡德人(Nyakyusa-Ngonde)进行研究,后者主要对北罗得西亚的奔巴人进行研究。马克斯·格拉克曼,主要对北罗得西亚的洛兹人进行研究。不过,格拉克曼更突出的贡献在于其对研究所的领导和管理。

在格拉克曼的主持下,研究所涌现了诸多出色的研究人员。在格拉克曼时期招募的 5 名正式研究人员中,约翰·巴恩斯(John Barnes) 成为中部非洲恩戈尼人(Ngoni)社会人类学研究的开创者,伊恩·坎宁森(Ian

Cunnison）成为卡曾伯王国研究的专家,伊丽莎白·科尔森则是通加人（Tonga）研究权威。格拉克曼的第二个贡献是使研究所进入研究成果高产期。研究所在格拉克曼主持工作时期,开始编辑出版发布最新研究成果的研究所通讯和名为《中部非洲人类问题》（*Human Problems in Central Africa*）的期刊以及其他资料和研究成果单行本。考虑到一些殖民当局的官员以及白人定居者对非洲人族群有亲身的、独特的认识,有的可能记有日记随笔之类材料,格拉克曼也鼓励将这些材料以研究所为平台公开出版,这些都成为认识中部非洲的非洲人族群不可替代的宝贵材料。

格拉克曼的第三个贡献是制定了一份对研究所发展影响深远的"七年研究计划"。在格拉克曼看来,随着中部非洲矿业的发展以及劳工流动的加强,对这一区域的非洲人进行研究已不能再用孤立研究某一族群或将各族群分割开来的研究方式,而是应从整个中部非洲的视野来看问题,将各族群联系起来进行研究,还要研究各族群随矿业发展而发生的融合。在"七年研究计划"的指引下,研究所的研究活动逐渐涵盖了中部非洲的所有主要族群。1951年,研究所出版的《中部非洲的七个部落》将中部非洲的洛兹、通加、奔巴、恩戈尼、尼亚库萨、姚（Yao）、绍纳（Shona）七个主要非洲人族群放在一起进行论述,可以说是"七年研究计划"的一个典型成果。[①]

格拉克曼的第四个贡献是使研究所走向国际学术界并获得国际声望。格拉克曼凭借个人关系和活动能力,与英国曼彻斯特大学建立了长期的学术联系,并与曼彻斯特大学出版社建立了合作出版的关系。格拉克曼、科尔森和米歇尔都曾在曼彻斯特大学从事学术和教学活动,研究所的很多研究成果也通过曼彻斯特大学出版社出版——这就是人类学领域"曼彻斯特学派"的源起。

非洲可以说为现代人类学发展贡献良多。欧美的人类学家在非洲这片

---

① Elizabeth Colson and Max Gluckman, *Seven Tribes of Central Africa*, Manchester University Press, first published in 1951, reprinted with amended title in 1968.

"野蛮""落后""原生态"的大地上开展田野调查和研究工作,他们实地去看、去听、去跟踪,非洲的历史、经济、政治、宗教、文化等都被记入人类学家的笔下,然后再被加以归纳和演绎,成为既具资料性又有学理性的成果。无疑,这些资料和成果可供非洲史研究所用,或呈现这些资料和成果自身所针对的"过去",或用来模拟或辅证"过去"的过去——这两种功能,前者的问题相对较小些,后者可能就比较复杂。

用人类学资料模拟或辅证过去,以今证古,首先要保证今古之间差异不大或至少有一以贯之的联系——但这其实很难保证。比如,非洲史前文明考古学者会用现代人类学家对布须曼人的观察来猜想史前时代非洲居民的情况;再比如,关注非洲前殖民时代历史的研究者会用现代人类学家对某个族群的观察来推论其数十年或数百年前的经济、政治和社会生活。在做这些时,非洲史学者实际上是自我设定了一个出发点:非洲一些地方、一些人群的发展较为缓慢,几十年没有根本性的变化,乃至几百年都没有脱除一些原生性的东西。

这个自我设定的出发点到底合不合理或者有多大程度的合理性需要具体问题具体分析。

一些地处偏僻或较难进入地区的人群可能会比较封闭而孤立,其所在社会的变迁可能会比较小,比如卡拉哈里的布须曼人、赤道雨林地区的俾格米人等,还有一些较内陆地区的人群。但无论是封闭还是孤立,都不是绝对的,而且随着时间的推移,封闭和孤立的被打破变得越来越容易。这也意味着相应社会的变迁越来越大、越来越快。在这种情况下,以当时当地观察记录来揣度过往就需要越发慎重。

从现在来看,19世纪末20世纪初的一些人类学成果记录的仍是一些在相对长时间内呈现稳定的情况。但殖民统治确立后,越来越多的非洲人族群被卷入殖民统治框架下的经济和政治变迁,交通和通信等方面技术的发达已造成越来越多、越来越明显的冲击,这种背景之下获得的人类学调查研究成果恐怕已无法再有效地为非洲历史研究提供服务了。

六、外部文字资料与非洲史研究

当有人说非洲史研究的资料缺乏问题时,一些非洲民族主义史家会觉得这是歧视非洲和非洲人的"惯用伎俩",是欧美亚特别是欧美学者对非洲学者的一种刁难,是对非洲学术发展的一种阻碍。这些非洲民族主义史家的反应是"意气"式的,他们觉得可以抛开"文明世界"的"旧东西",自创一套。文字缺失和考古不足都可以通过口述资料、语言资料、人类学资料等来弥补——实际上,即便是在非洲人倚重的口述资料、语言学资料和人类学资料方面,作出关键贡献的也并非非洲人自身。

不得不承认的是,非洲民族主义史家的意气用事确实取得了一些成果,一些地区或国家也获得了"齐整"的历史。但细看这些"齐整"的历史,猜测推理者有之,承认说不清楚者有之,时间地点模糊或混乱者有之,还常常连具体的历史人物都没有。实际上,在资料严重不足的情况下,如果谁要是写出一部"齐整"的历史,那恐怕只能说这部历史是编造。

20世纪50—70年代的非洲民族主义大浪潮逐渐退去之后,非洲史研究的一些问题重新显现出来。殖民主义、种族主义和民族主义的纷扰仍然很复杂,但冷静观之,核心仍是资料问题。

尽管可以承认非洲史研究的特殊性,但不论是"窠臼"还是"俗套",我们还是要在较大程度上依靠文字资料。非洲自身没有或短少文字资料,但外部世界关于非洲的记录却一直都有。

15世纪之前,欧洲对非洲的了解仍主要集中于北非以及西北非和东北非的沿海地区。彼时所谓的这些了解,往往反映在希罗多德、斯特拉博之类古典作家的著作或者《红海回航记》(*Periplus of the Erythraean Sea*)、《汉诺回航记》(*Periplus of Hanno*)之类内容零散单薄的商人和航海家记录中,还有一些阿拉伯人的旅行记录等。而对于中南部非洲广大地区特别是内陆地区的情况，外界仍知之甚少，有的也多是模模糊糊的猜测——尽管一些猜测在后来被证明有一定的确定性内核。

随着葡萄牙人沿非洲大西洋海岸南下探查的进展，到 15 世纪末 16 世纪初时，葡萄牙人最终绕过好望角而进入印度洋。也就是从这个时候开始，欧洲人对非洲的记录开始多了起来。特别是奴隶贸易发展起来后，去往非洲的欧洲人越来越多，出现了一些与奴隶贸易本身相关的商业性记录，也出现了一些参与奴隶贸易的商人和船运者的日记、游记之类的资料。

18 世纪末 19 世纪初，随着以英国为代表的国家的工业经济的发展和社会思想的变迁，奴隶贸易逐渐式微，而以非洲野生采集产品和农产品为主要贸易对象的"合法贸易"则逐渐兴起。为了扩展"合法贸易"和找寻新的经济机会，欧洲国家的工商业界和政府都意识到要对非洲有更多的了解，内陆探险应运而生，与此相伴随的是传教活动的扩展。除探险家和传教士外，猎人、商人、自然博物学者等也开始在非洲各地活动。19 世纪末 20 世纪初，一些殖民军人和殖民官员也开始加入记录非洲的队伍。

在 19 世纪及其前后的百余年时间里，外界特别是欧洲关于非洲的记录迅速积累起来，这些记录里面包含了丰富的可供非洲史研究利用的资料。

但是，对于欧洲世界关于非洲的记录，总有人会说它们包含了殖民主义和种族主义的偏见，它们对于非洲、非洲人和非洲的发展状态充满贬斥之语。但迄今为止，不论其他地方，只就非洲而言，又有哪一种资料可称足够的客观呢？又有哪一种资料没有"殖民主义和种族主义的偏见"呢？

历史复杂，历史资料复杂，历史研究亦复杂。从"偏见"或"不客观"中尽可能求真——或者最低限度，尽可能把一些问题搞清楚，难道不正是历史研究者的分内工作吗？

第二章
19世纪英国人非洲行居记录的
基本情况

从15世纪开始,葡萄牙人、荷兰人、法国人、英国人、德国人等先后以多种方式"走近"或"走进"非洲并从多种视角记录非洲。18世纪末19世纪初,随着探险、传教、商务、殖民占领和征服等活动的扩展,欧洲人进一步深入非洲,从北、西、南、东各方沿海向非洲内陆进发。19世纪末20世纪初,非洲的全貌终于基本呈现出来,非洲也终于落入了欧洲之手。

在从18世纪末19世纪初到19世纪末20世纪初的百余年时间里,欧洲人以前所未有的速度、广度和深度在非洲扩展,其中英国人最为突出。

在英国政府和商界的推动下、在皇家地理学会(Royal Geographical Society)、海外传教会(Church Missionary Society)、伦敦传教会(London Missionary Society)等机构的主导下、在去往广大未知世界进行探索以求名求利的风潮中,来自多种阶层、多种职业的英国人络绎不绝地进入非洲,有探险家、传教士、商人、猎人、殖民军人和官员,还有一些比较单纯的旅行家、自然博物学者等——当然,往往有人具有多重身份,这些人在非洲或作相对较短时间的旅行,或长期居留于非洲乃至最终定居非洲,他们留下了多种多样的关于非洲的记录。

一、探险家记录

从18世纪中叶开始,欧洲的探险家们就注目非洲内陆。开始时,一些人希望从非洲的大河入手展开探险,进而打开非洲腹地。在政府、商界、宗教界人士的支持下,一些机构组织对非洲开展有目的、有计划的探查工作。在将以河流为线索的框架弄清楚后,一些探险家又进一步对河间或分水岭地区进行探查,如拼图般一块一块地填补当时非洲地图上仍然存在的空白。

当时的探险者们大都获得了政府或某些机构的资助,而根据提供资助者的要求,探险者需要按时汇报探险所见所得;同时,探险者本身也会以游记、日记、通信等形式记录自己的见闻,而后往往还会公开出版。这在当时主要是为了在公众中制造影响,通过塑造探险者的英雄形象和描绘异域风情来唤起公众热情,进而推动他们也通过各种方式支持探险乃至自己走出去,但对于后世的研究者来说其最重要的价值就是积累了数据和资料。

在英国皇家地理学会等机构的支持下,一拨又一拨的人被派往非洲,围绕尼日尔河、尼罗河-大湖和赞比西河展开探查工作。

在尼日尔河探查方面,作出主要贡献的是蒙戈·帕克(Mungo Park)、休·克拉伯顿(Hugh Clapperton)、兰德尔兄弟(Richard Lemon Lander 和 John Lander)等人。帕克第一次探险证实了尼日尔河的朝东流向,第二次探险则走完了尼日尔河的上段。克拉伯顿则更进一步,抵达了尼日尔河的中段,并初步得知了尼日尔河下段的情况;随后,曾伴随克拉伯顿探险的仆人兰德尔偕其兄弟进行了最后的探险,乘舟漂至尼日尔河在几内亚湾的出海口。帕克留下了《1795 年、1796 年、1797 年在非洲内陆地区的旅行》①和《1805 年非洲内陆行记》②两部记录;克拉伯顿和兰德尔兄弟的探险前后相继,且有重合之处,他们留下了《在中北非的旅行和发现》③《第二次非洲内陆探险记》④《尼日尔河河道及其终点探查记》⑤等记录。

    在尼罗河源头和大湖地区探查方面,作出主要贡献的是约翰·斯皮克(John Speke)、萨缪尔·贝克(Samuel Baker)、理查德·伯顿(Richard Burton)、詹姆斯·格兰特(James Grant)以及大卫·利文斯顿(David Livingstone)和亨利·斯坦利(Henry Stanly)。⑥ 斯皮克由东非沿海出发先至坦噶尼喀湖(Lake Tanganyika),后抵达维多利亚湖(Lake Victoria);贝克则从东北非沿尼罗河往南抵达了阿尔伯特湖(Lake Albert)。按贝克的说法:维多利亚湖接收东面的水流,阿尔伯特湖则接收西面、南面和维多利亚湖的水流;阿尔伯特湖构成尼罗河上游的第一个盆地,从阿尔伯特湖开始流

① Mungo Park, *Travels in the interior districts of Africa, performed in the years 1795, 1796 and 1797*, John Murray, 1816.

② Mungo Park, *The journal of a mission to the Interior of Africa, in the year 1805*, John Murray, 1815.

③ Dixon Denham, Hugh Clapperton and Walter Oudney, *Narrative of Travels and Discoveries in Northern and Central Africa, in the Years 1822, 1823, and 1824*, John Murray, 1826.

④ Hugh Clapperton, Richard Lander, *Journal of a Second Expedition into the Interior of Africa, from the Bight of Benin to Soccatoo by the Late Commander Clapperton of the Royal Navy to which is added the Journal of Richard Lander From Kano to the Sea-Coast, partly by a more Eastern Route*, John Murray, 1829.

⑤ Richard and John Lander, *Journal of an Expedition to Explore the Course and Termination of the Niger, with a Narrative of a Voyage down that River to Its Termination*, J. & J. Harper, 1832.

⑥ 斯坦利 1841 年出生于英国,1859 年移民美国,其声名起于赴非洲寻找利文斯顿,后又受雇于比利时国王。从当时来看,斯坦利可以算是一个国际性人士。本书从斯坦利本人及其相关活动和记录与英国的关联度出发,将其列为英国人。

淌的尼罗河是完整的尼罗河。[①] 伯顿和格兰特先后与斯皮克相伴,均因病而只行至中途,但也应承认他们对尼罗河源头探查作出的贡献。

但实际上,当时还并不能确证维多利亚湖和阿尔伯特湖就一定是源头,因为其所在的湖区还有其他的湖,必须要搞清楚维多利亚湖、阿尔伯特湖和其他湖之间的关系后再说话。利文斯顿一度质疑斯皮克所称的维多利亚湖是尼罗河源头的说法,还一度认为流向刚果河的卢阿拉巴河(Lualaba River)是尼罗河的上游河段,但他在没有获得结论之前就去世。斯坦利初以记者身份到内陆去寻找利文斯顿,他曾与利文斯顿一道探查坦噶尼喀湖,后又乘船在维多利亚湖进行环湖航行,确证了斯皮克所称但其实一直未得到验证的"维多利亚湖是尼罗河源头"。

另有一位海军军官弗尔尼·卡梅隆(Verney Lovett Cameron),他有志于打击东非奴隶贸易,也曾想参与寻找利文斯顿的探险队,但未能获选,不过后来他也从桑给巴尔进入大湖地区进行了旅行和探险,也为大湖地区面貌的呈现作出了贡献。1878—1880年,皇家地理学会组织东中部非洲考察队(East Central African Expedition),进一步探查大湖地区仍未呈现的地区。考察队在凯斯·约翰斯顿(Keith Johnston)和约瑟夫·汤姆森(Joseph Thomson)的带领下首次从北面抵近尼亚萨湖,并在尼亚萨湖和坦噶尼喀湖之间地区行进,还"发现"了一些较小的湖泊和河流。

在近20年的时间里,斯皮克、贝克、伯顿、格兰特、利文斯顿、斯坦利等人将足迹印在了包括东非沿海、东非内陆高原、东北非内陆、大湖地区、尼罗河上游在内的广大地区,并留下了关于这一广大地区的丰富记录。斯皮克有《尼罗河源头发现记》。[②] 贝克有《阿尔伯特湖:尼罗河大盆地和尼罗河源头

---

① Samuel W. Baker, *The Albert N'yanza*, *Great Basin of The Nile*, *and Explorations of the Nile Sources*, *Vol. II*, Macmillan & Co., p. 288.

② John Hanning Speke, *Journal of the Discovery of the Source of the Nile*, William Blackwood and Sons, 1863.

探查》。① 伯顿有《中部非洲的湖区》。② 格兰特有《徒步穿越非洲》。③ 利文斯顿和斯坦利则分别《在中部非洲的最后记录》④和《穿越黑暗大陆》⑤两书中记录了与尼罗河源头探寻和大湖地区相关的内容。弗尔尼·卡梅隆有《穿越非洲》。⑥ 约瑟夫·汤姆森则有《中部非洲湖区往返记》。⑦

　　在赞比西河探查方面，作出主要贡献的是利文斯顿。利文斯顿于1853—1856 年间作横穿非洲大陆的探险，这次探险使他对赞比西河有了比较多的了解，他一方面觉得可以对赞比西河流域的土地进行开发，另一方面在见识了奴隶贸易在这一地区肆虐造成的消极影响后，他认为可以通过对土地等资源的开发引领发展新的经济，以取代奴隶贸易。在 1858—1864 年间，利文斯顿又带队对赞比西河中下游及夏尔河（Shire River）支流地区进行了探查，希望能找到可供集中开发的资源并勘察河道通航可行性。最终，利文斯顿等人发现在这一地区发展棉花种植大有可为，但赞比西河的有效通航却无法或较难实现。关于赞比西河探查的情况，一部分内容包含在利文斯顿的《在南部非洲的传教、旅行与研究》一书中，⑧另一部分则通过《赞比西河及其支流探查记》呈现。⑨

　　在尼日尔河、尼罗河-大湖和赞比西河这三条主线之外，还有在尼日尔河

---

① Samuel W. Baker, *Albert N'Yanza, Great Basin of the Nile and Explorations of the Nile Sources*, Macmillan & Co., 1868.

② Richard F. Burton, *The Lake Regions of Central Africa*, Harper & Brothers, 1860.

③ James A. Grant, *A Walk Across Africa*, William Blackwood and Sons, 1864.

④ Horace Waller, *The Last Journal of David Livingstone in Central Africa: From 1865 to His Death*, John Murray, 1874.

⑤ Henry M. Stanley, *Through the Dark Continent*, Harper & Brothers, 1878.

⑥ Verney Lovett Cameron, *Across Africa*, Daldy, Isbister & Co., 1877.

⑦ Joseph Thomson, *To the Central African Lakes and Back: The Narrative of the Royal Geographical Society's East Central African Expedition, 1878 - 1880*, Sampson Low, Marston, Searle & Rivington, 1881.

⑧ David Livingstone, *Missionary Travels and Researches in South Africa*, John Murray, 1857.

⑨ David and Charles Livingstone, *Narrative of An Expedition to the Zambezi and Its Tributaries and of the Discovery of the Lakes Shirwa and Nyassa*, Harper & Brothers, Publishers, 1866.

区所在的更广大的中西部非洲内陆、尼罗河和刚果河分水岭所在的中东部非洲、赤道地区、南部非洲以及纳米比-卡拉哈里所在的西南非洲等区域的探查。在这些地方进行探查的人中,既有相对比较单纯的旅行探险家,也有抱商业等目的者,还有的是在执行某项任务的过程中实际上发挥了探险的功能。需要指出的是,在这些不同地区进行探查的人中,既有英国人,也有非英国人。

就英国而言,较有代表性的人物包括:在南部非洲内陆地区进行探查的约翰·巴罗(John Barrow)、威廉·布切尔(William Burchell)、乔治·汤普森(George Thompson)、詹姆斯·亚历山大(James Alexander)、利文斯顿和一位受雇于英国在中西部非洲广大地区进行探查的德国人亨利·巴斯(Henry Barth)。

巴罗、布切尔和汤普森三人分别著有《走进南部非洲内陆》①《在南部非洲内陆的旅行》②和《在南部非洲的旅行和冒险》,③前两本书记述了作者当时所见的开普殖民地的情况,既涉及自然地理,也涵盖经济社会,特别是对布尔人(Boer)、混血人群、霍屯督人(Hottentot)、布须曼人(Bushmen)、茨瓦纳人(Tswana)多有记录和论述;较晚的汤普森比前两人向北走得更远,足迹所至的地方更广,其停驻观察的时间也比前两人要长,他进一步深入记录和分析了巴罗和布切尔所涉及的方面,对一些相同的对象和主题进行了更全面更完善的描述,也包含了经十余年后出现的新的、与巴罗和布切尔时代不同的发展,此外他还描写了19世纪20年代初到达南非的一批早期英国移民的生产生活状况。

詹姆斯·亚历山大受皇家地理学会指派进行探险。与大多数其他人由

①　John Barrow, *Travels into the Interior of Southern Africa*, T. Cadel and W. Davies, 1806.

②　William Burchell, *Travels in the Interior of Southern Africa*, Longman, Hurst, Rees, Orme and Brown, 1822.

③　George Thompson, *Travels and Adventures in Southern Africa*, Henry Colburn, 1827.

开普敦出发往自然条件较好的东北方向行进不同,他走的是偏中西北的方向比较干燥的地带,由此进入了相对比较隔绝的纳马夸人(Namaqua)、布须曼人和达马拉人(Damara)地区,他留下了《非洲内陆的探险与发现》一书。①

利文斯顿本来是受派要在南部非洲进行传教,后受命向更北的地区开拓,由此逐渐开始其先是传教兼探险后又以探险为主的生涯。在探查东南非内陆和大湖地区南部之前,利文斯顿先是在茨瓦纳人中传教,后来又远行至今安哥拉、博茨瓦纳、赞比亚三国接界的赞比西河上游河谷地带,然后由此向西往安哥拉大西洋海岸,再折返向东到达莫桑比克印度洋海岸,成为当时在南部非洲由南向北走得最远、涉足范围最广的白人,其相关过程经历被记录在《在南部非洲的传教、旅行与研究》一书中。

巴斯既是一名旅行探险家,也是一名地理学和经济史学者,他曾作环地中海的旅行并留下相关著作。1849 年,正在柏林大学担任比较地理学和古代殖民商业史教职的巴斯应英国招募去往北非和中非探险。在 1849—1855 年间,巴斯从北非的的黎波里出发,越过撒哈拉大沙漠,进入尼日尔河流域和乍得湖地区,在中西部非洲内陆的广大地区旅行。巴斯从最贫瘠的沙漠走到有大型河流和湖泊的可灌溉肥沃土地,从阿拉伯人和柏柏尔人的地方走到黑人的地界,他描绘了像廷巴克图和卡诺(Kano)这样的大城,记录了内陆各族群的经济和社会生活,还搜集了很多历史方面的资料,其中,关于桑海国家(Songhay)历史的资料尤为后世所看重。巴斯的 1849—1855 年旅行探险被详尽地记录在五卷本的《在北部和中部非洲的旅行和发现》②中。巴斯的旅行可以说是更早的帕克、克拉伯顿、兰德尔兄弟等人旅行的一种延续,只不过

---

① James Edward Alexander, *An Expedition of Discovery into the Interior of Africa: Through the Hitherto Undescribed Countries of the Great Namaquas*, *Boschmans and Hill Damaras*, E. L. Carey and A. Hart, 1838.

② Henry Barth, *Travels and Discoveries in North and Central Africa*, Volumes I, II, III, Longman, Brown, Green, Longmans, & Roberts, 1857; Volumes IV, V, Longman, Brown, Green, Longmans, & Roberts, 1858.

巴斯走的范围更大,留下的记录更详尽。而且,巴斯还是一位有深厚素养的学者,因此,他的记录、资料和相应的描述、分析也更具深度。

　　除了由探险家个人撰写并出版或由人整理出版的专著外,还有一些他们发表在当时报刊上的文章、提交给所属组织的报告等。比如,很多在非洲的旅行者都被英国皇家地理学会吸收为会员,还有的则是接受了学会的资助。他们会将一些记录提交给学会。在众多探险著作的作者署名中,一些人姓名的后面会有"F. R. G. S"的字样,表明他们是英国皇家地理学会会员(Fellow of the Royal Geographical Society)。皇家地理学会在19世纪推动了一系列在非洲的探险活动,积累了相当丰富的记录,其主办的刊物也大量接收发表来自一线探险家和旅行者的文章,这些也是非常有价值的资料。

二、传教士记录

　　19世纪之前,葡萄牙人曾在刚果河河口和下游地区、东南非等地传播基督教;1652年荷兰人在开普立足之后,也试图推动基督教在非洲人地区的传播。但是,直到进入19世纪,基督教才真正在非洲大范围传播开。基督教在北非、西非内陆地区、东北非和东非沿海地区的传播起步较晚,成果也不甚突出,因为伊斯兰教力量早已在此立足,并有一些较为稳固乃至强大的国家为依托,基督教传播从一开始就面临对抗性阻力。再有如刚果河地区,则因为不利于欧洲人生存的气候和疾病等原因,使得传教工作也推进得较为缓慢。相对而言,在南部非洲和西非几内亚湾沿海地区的传教工作推进得要顺利一些,取得的成果也较为显著。在这两个地方,基督教传播面临的多为非洲人杂多而松散的传统型信仰,只要克服早期的沟通不畅并适应当地自然条件,再辅以西方物质的示范和诱惑,传教活动就能比较顺利地展开。

　　在南部非洲,基督教传播可以说自开普殖民地建立之后就开始了,不过早期荷兰殖民者在宗教传播方面并无总体和长远规划,并且他们从种族主义性质的考虑出发,不愿意在非白人中传教。只是在与霍屯督人、科萨人以及奴隶的交流中,荷兰殖民者才或无意或有意地做了一些实际上是在传播基督教的事。后来,开始出现一些一心传教的传教士,如乔治·施密特(George Schmidt)和范里尔(H. R. van Lier)等,还出现了专门的传教机构。18 世纪末 19 世纪初英国接管开普殖民地后,伦敦传教会马上就把目光投了过来,荷兰籍教会人士兼医生范德肯普(J. T. van der Kemp)受派来到开普殖民地,准备到非洲人中去传教。1799 年 4 月,南非传教会(South African Missionary Society)成立,其章程第一条明确提出协会要在力所能及的范围内采取一切可能的方式在殖民地"未开化"的地方扩展基督的王国,在开普殖民地内部和之外地方的"异教徒"中传播基督教。[①] 在范德肯普的努力下,传教会开始在一些边远的地方建立居住点和传教站,基督教开始传播至开普殖民地边区以及更远的地方。

1812 年 10 月,约翰·坎贝尔(John Campbell)受伦敦传教会委派来到开普,拟对开普殖民地的传教发展状况和传教机会进行调研和评估。坎贝尔去往开普殖民地的东部和北部边区的贝特尔斯多普(Bethelsdorp)和格拉夫赖特(Graaf Reynet),又去探访格里夸人(Griqua)和茨瓦纳人居住的地方。在茨瓦纳人的一些地方,坎贝尔被视作是第一个出现在那里的白人,一些酋长则表达了接受传教士的初步意愿。1814 年 5 月,坎贝尔回到英国,他不仅敦促传教会大力加强在南部非洲的传教工作,还号召社会各界参与支持这一事业。而除伦敦传教会外,其他一些传教会如海外传教会、卫斯理传教会(Wesleyan Methodist Missionary Society)、格拉斯哥传教会(Glasgow Missionary Society)等也在开展工作。

从 19 世纪初开始,以开普殖民地为起点和基地,以罗伯特·莫法特(Robert Moffat)为代表的传教士不断向北,逐渐踏出一条越过南非、经过茨

---

① J. Du Plessis, *A History of Christian Missions in South Africa*, Longmans, Green and Co., 1911, p. 92.

瓦纳人地区、进入林波波-赞比西河间地区的"传教士之路",形成了如库鲁曼(Kuruman,在今南非境内)、拉夫达尔(Lovedale,在今南非境内)、科洛本(Kolobeng,在今博茨瓦纳境内)、因亚提(Inyati,在今津巴布韦境内)、霍普方丹(Hopefountain,在今津巴布韦境内)等知名且造成深远影响的传教站。到19世纪末20世纪初,传教士的足迹已至大湖地区,在与伊斯兰教力量遭遇的地区放慢脚步。

在南部非洲的传教士中,在范德肯普之后,知名的有莫法特、威廉·肖(William Shaw)、史蒂芬·凯(Stephen Kay)、利文斯顿、约翰·马肯兹(John Mackenzie)、詹姆斯·斯特瓦尔特(James Stewart)以及后来进一步往北在恩德贝莱人(Ndebele)中传教的大卫·卡内基(David Carnegie)、威廉·艾略特(W. A. Elliott)、托马斯·摩根·托马斯(Thomas Morgan Thomas)等人。对于某个特定地区来说,传教士有的是最早的白人进入者,还有的则是连续居留时间最长的白人,他们都以不同方式留下了自己在非洲相关地区传教和生活的记录,既有耳闻目睹的感性认识,也有在观察互动过程中形成的分析与思考,这些记录对于了解当时非洲相关地区和相关族群的经济、政治、社会和思想文化等方面具有重要而独特的价值。

传教士一般都会留下文字记录,除了日记和与所属机构管理者的通信外,还有回忆录和著作等。约翰·坎贝尔未进行实际的传教工作,但他当时受派调研传教情况,在南部非洲旅行一年有余,他也留下了一份题为《应传教会要求在南非所作的旅行》的记录。[1] 威廉·肖先是在开普殖民地东部的英国移民中负责教务,后在科萨人(Xhosa)中传教,他留下了《我在东南非传教的经历》一书。[2] 史蒂芬·凯也在科萨人中传教,他留下了《在卡菲拉里亚的

---

[1] John Campbell, *Travels in South Africa Undertaken at the Request of the Missionary Society*, Flagg and Gould, 1816.

[2] William Shaw, *The Story of My Mission in South-Eastern Africa*, Hamilton, Adams, and Co., 1860.

旅行和研究》一书,①其内容涉及科萨人的族群特征、政治、习俗、社会伦理、主要酋长的生平和性格特点、与白人移民互动等多方面,是一部比较全面、比较完整的关于科萨人的记录。② 莫法特在混血人群、茨瓦纳人和恩德贝莱人中传教,前后约半个世纪,他自己撰写了《在南部非洲的传教与见闻》一书,③另不同时期的信件和日志则由后人整理出来,有《在库鲁曼的磨炼:罗伯特·莫法特和玛丽·莫法特日志信件集(1820—1828 年)》④和《罗伯特·莫法特马塔贝莱日志集(1829—1860 年)》⑤两种。利文斯顿早期作为传教士主要在茨瓦纳人地区传教,相关情况反映在他的《在南部非洲的传教、旅行与研究》一书中。⑥ 约翰·马肯兹主要在茨瓦纳人的地区传教,并在开普殖民地以及奥兰治河(Orange River)以北的广大地方旅行,他留下了《奥兰治河以北的十年:在南非土著族群中的日常生活与工作》一书。⑦ 詹姆森·斯特瓦尔特在开普殖民地东部传教,扩展了此前已建立的拉夫达尔传教站,并依托此发展起非洲人教育和医疗事业,他留下了一部名为《南非拉夫达尔》的简短著作。⑧ 在恩德贝莱人中传教的人中,大卫·卡内基留下了《在恩德贝莱人

---

① 早期南部非洲的白人常称科萨人为"卡菲尔人"(Kaffir 或 Caffir),即"异教徒"之意,而科萨人居住的土地就常被称作"卡菲尔兰"(Kaffirland 或 Caffirland)或者"卡菲拉里亚"(Kaffraria 或 Caffraria)。

② Stephen Kay, *Travels and Researches in Caffraria: Describing the Character, Customs and Moral Condition of the Tribes Inhabiting that Portion of Southern Africa*, Harper & Brothers, 1834.

③ Robert Moffat, *Missionary Labours and Scenes in Southern Africa*, Robert Carter, 1844.

④ I. Schapera (ed.), *Apprenticeship at Kuruman: Journals and Letters of Robert and Mary Moffat, 1820-1828*, Chatto & Windus, 1951.

⑤ J. P. R. Wallis (ed.), *The Matabele Journals of Robert Moffat, 1829-1860*, Chatto & Windus, 1945.

⑥ David Livingstone, *Missionary Travels and Researches in South Africa*, John Murray, 1857.

⑦ John Mackenzie, *Ten Years North of the Orange River: A Story of Everyday Life and Work among the South African Tribes*, Edmonston and Douglas, 1871.

⑧ James Stewart, *Lovedale, South Africa*, Andrew Elliot, David Bryce and Son, 1894.

中的十年》一书,①威廉·艾略特留下了《石英中黄金》一书,②托马斯·摩根·托马斯则有《在中南部非洲的十一年》一书。③

在西非几内亚湾沿海地区,基督教传教活动可以说随大西洋奴隶贸易的展开而展开,但直到大西洋奴隶贸易被废止时,传教才开始被提上正式的日程。不过,在西非开展传教的有很多来自美国的传教会,且传教士中还有来自西印度群岛的黑人或混血人。当然,英国的传教会如海外传教会等在这里也做了不少工作。海外传教会先是组织人往苏索人(Susoo,主要集中于今几内亚,在塞拉利昂和几内亚比绍也有分布)地区传教,随后又在塞拉利昂着力经营。塞拉利昂的建立是为了接纳从英国遣回的黑人,英国主导的禁止奴隶贸易活动所解救的黑人也往往被安置在塞拉利昂。因此,塞拉利昂就成了英国在西非的一个重要而特别的立足点。在塞拉利昂立足后,海外传教会的力量又向相邻沿海地乃至内陆地区扩展。但不幸的是由于气候等方面的原因,在西非几内亚湾沿海地区传教的白人死亡率较高,而这造成的一个直接后果是他们留下的记录比较少,一些留下的记录也往往是由他人整理的回忆录和书信集之类。

海外传教会派驻在塞拉利昂工作的威廉·约翰逊(W. A. B. Johnson)有一部由他人整理的回忆录;④海外传教会派往约鲁巴人(Yoruba)地区传教的大卫·辛德勒(David Hinderer)和安纳·辛德勒(Anna Hinderer)是一对夫妇,其中,安娜的日记和信件后来被整理为一部回忆录,题为《在约鲁巴地区十七年》。⑤ 另有一位弗里曼神父(T. B. Freeman),他曾往黄金海岸内陆

---

① David Carnegie, *Among the Matabele: For Ten Years Resident at Hope Fountain Twelve Miles from Bulawayo*, The Religious Tract Society, 1894.

② W. A. Elliott, *Gold from the Quartz*, London Missionary Society, 1910.

③ Thomas Morgan Thomas, *Eleven Years in Central South Africa*, Psychology Press, 1872.

④ Robert Benton Seeley, *A Memoir of the Rev. W. A. B. Johnson*, Robert Carter & Brothers, 1853.

⑤ Anna Hinderer, *Seventeen Years in the Yoruba Country*, The Religious Tract Society, 1872.

的阿散蒂(Asanti)王国调查相关情况,后来弗里曼的记录与此次阿散蒂之行的信件等被整理纳入一部题为《西非传教录:弗里曼阿散蒂之行》的书,①而在黄金海岸工作的丹尼尔·韦斯特(Daniel West)则有一部由他人辑录的信件集。②

在东北非、东非和刚果地区的传教事业也在推进,虽然面临的困难较多,但也涌现了一些著名的传教士。在东北非和东非,早期有受雇于英国的德籍传教士约翰·克拉普夫(John Krapf),后来最知名的则是在乌干达的亚历山大·马凯(Alexander Mackay);在刚果地区,最知名的传教士是乔治·格伦费尔(George Grenfell)。他们也留下了一些记录,但成书的较少,组织出版的工作也比较薄弱,一些信件、日志、报告等则多以档案的形式收藏。克拉普夫倒是一个例外,只不过他留下的也是德文的记录,然后再译成英语。克拉普夫(John Krapf)受雇于英国海外传教会,先后在埃塞俄比亚和东非沿海地区工作,后深入东非内陆,成为第一个见到"乞力马扎罗的雪"的欧洲人,他带回了关于东非内陆特别是大湖地区的一些信息,这些信息后来成为尼罗河-大湖地区探险者的重要资料和参考。其相关记录除了出现在给海外传教会的信件和报告中外,再就是载入克拉普夫所撰的《在东非的十八年:旅行、研究与传教》一书。③

除了传教士个人的公开和未公开记录之外,还有一些在英国国内的传教事务管理人员根据自己接收到的报告、信件等写了一些书。比如爱德华·比克斯特斯(Edward Bickersteth),他曾在1816年受派赴西非调查传教情况,归来后担任海外传教会的秘书,与在西非的传教士威廉·约翰逊等长期保持

---

① Thomas Birch Freeman, *Missions in Western Africa: Including Mr. Freeman's Visit to Ashantee*, Carlton & Porter, 1842.

② Thomas West, *The Life and Journals of the Rev. Daniel West*, Hamilton, Adams, and Co., 1857.

③ Krapf, J. Lewis, *Travels, Researches and Missionary Labours During an Eighteen Years' Residence in Eastern Africa*, London: Trübner and Co., Paternoster Row., 1860.

密切联系,相关情况和部分通信被记录和呈现在一部回忆录中;①再比如约西亚·普拉特(Josiah Pratt),他在海外传教会管理部门负责秘书工作21年,自身虽未在非洲传教,但对在非洲传教的情况有比较多的了解,并且也掌握了比较多的资料,他有一部由其子整理的回忆录。② 像这一类的记录也具有一定的价值,因为它们多多少少保留了一些原始资料,比如与在非洲的传教士的通信之类。需要指出的是,要注意甄别这些由主要在国内负责管理和联络工作的人士撰写的记录,因为它们已并非真正意义上的第一手记录。

此外,在国内的传教会组织也会定期发布通讯、编制报告或者发表传教士从非洲当地传回的信息等,里面也包含了很多有价值的资料。比如英国海外传教会就有多种连续出版物,包括《海外传教通讯》(*Church Missionary Intelligencer*)、《海外传教记录》(*Church Missionary Record*)、《海外传教拾零》(*Church Missionary Gleaner*)、《海外传教季报》(*Church Missionary Quarterly*)等,这些连续出版物虽然也包括亚洲、太平洋地区的记录,但关于非洲的记录也不少。此外,传教会组织还会不定期发布文报和公开非洲各地传教站主持者提交的报告等。

三、商人记录

进入19世纪后,西非沿海因承继奴隶贸易的余声而仍是英国商人活跃的热土,但"合法贸易"的推进需要开拓更多的原料来源和更大的市场空间,由此英国商人的足迹也持续地在非洲各个地方延伸。

在西非,由于气候的原因,英国商人大体上仍是以待在沿海为主,尽管也有人在内陆开拓;在东北非和东非,阿拉伯商人、斯瓦希里商人、印度商人以

---

① T. R. Birks, *Memoir of the Rev. Edward Bickersteth*, Harper & Brothers, 1851.
② Josiah Pratt and John Henry Pratt, *Memoir of the Rev. Josiah Pratt*, B. D., Protestant Episcopal Society for the Promotion of Evangelical Knowledge, 1855.

及一些非洲商人帮早成气候,英国商人一时难以占据主导地位;而在南部非洲,英国商人的扩展则持续而快速,自 19 世纪初接管开普殖民地——特别是 19 世纪 20 年代首批移民抵达东开普后,英国商人一路向北,直抵非洲大陆的中央腹地。相对而言,商人留下的成文成书记录并不多,但这些记录往往关注实际,对于了解非洲经济方面的情况有独特的价值。

在西非,英国商人在沿海的立足点主要是尼日尔河口地区、冈比亚、塞拉利昂、黄金海岸,在内陆则主要是尼日尔河中下游一带和阿散蒂。以尼日尔河地区为例,在兰德尔兄弟最终完成尼日尔河总体路线的探查后,苏格兰商人麦克格雷格·莱尔德(Macgregor Laird)即定计要开拓利用尼日尔河流域的商业机会,他装备船只溯航至尼日尔河与贝努埃河(Benue)的交汇处,但这次行动因气候和疾病的原因而损失惨重,由此也证明在这一地区开拓商务可能会有很多困难。但是,只要存在获利机会,就会有人投入。在莱尔德的努力下,英国政府作出了每年派船沿河行商的安排,一些商站得以建立,而除莱尔德外的一些商人也跟了进来,尼日尔河内陆地区逐渐被英国商人打开。莱尔德本人及其合作者留下了两卷本的《循尼日尔河进入非洲内陆记》;①另有一位利物浦的商人威廉·科尔(William Cole)则属于后来的跟进者,他在尼日尔河地区经商和生活,留下了一部题为《尼日尔河上的生活:一个在非洲经商者的日志》的记录。② 还有一位叫安德鲁·斯旺兹(Andrew Swanzy)的商人,他在黄金海岸一带经商 30 年,其中有 6 年住在黄金海岸。斯旺兹讲述商人定居点在黄金海岸的发展,还通过自己的亲身经历非常具体地讲述与黄金海岸贸易相关的税收、金融、管理等机制和操作流程等;他还论述在黄金海岸从商可能会遭遇的风险等,抱怨英国政府对他们的忽视,强调英国政府应

---

① Macgregor Laird and R. A. K. Oldfield, *Narrative of an Expedition into the Interior of Africa by the River Niger*, Vol. I, II, Richard Bently, 1837.

② William Cole, *Life in the Niger: The Journal of an African Trader*, Saunders, Otley, and Co., 1862.

提供更多的保护。[①]

一些商人除了经商外，还对比较单纯的探索求知有兴趣，比如一位在西非沿海多个地方经商游走20余年的商人约翰·威特福德（John Whitford），他著有一部《在西部和中部非洲的贸易生涯》，记录了他从马德拉（Madeira）到罗安达（Loanda）沿海一线以及由尼日尔河河口上溯至中游地区经商旅行的经历，尤其是他对西非沿海特别是几内亚湾一带的主要商业定居点和港口逐一描述，可以说既是一部关于西非沿海的商业指南，也提供了很多关于西非沿海地理、经济、政治、社会、文化特别是欧洲人存在状态的信息。[②]

当然，在商人的记录中，最具价值的仍是商人对经济和商业本身的记录和论述。如莱尔德，他在《循尼日尔河进入非洲内陆记》的献词中就提出把英国商人当作最重要的读者，希望建立英国与中西部非洲内陆地区的商业联系、开辟商业世界新领域。莱尔德在书中记录尼日尔河中下游沿岸的自然物产、非洲人手工产品、各主要政治经济体的基本情况等；科尔的记录则更细致，比如对棕榈油贸易中价格商谈过程的描述等；斯旺兹则关注非洲本地商人与英国商人的竞争问题。

在东非，英国商人的进入相对较晚，并且一度只是在以桑给巴尔为主的地方依托阿拉伯商人、印度商人等从事代理或集散性质的业务，少有以行商或坐商身份在内陆直接活动者。按照伯顿的说法，英国商人在东非之所以存在不明显，主要是因为英国政府不重视。[③] 19世纪80年代以后，英国商人才逐渐把目光投向东非，其中一大动作是于1888年正式成立英帝国东非公司（Imperial British East Africa Company）。1891年时，一位名叫威廉·菲茨杰拉德（William Fitzgerald）的专业人士受英帝国东非公司董事会委派对东

---

① Andrew Swanzy, *Trade on the Gold Coast: Remarks on Trade in West Africa, with and without British Protection*, Ann Eccles & Son, 1874.

② John Whitford, *Trading Life in Western and Central Africa*, The "Porcupine" Office, 1377.

③ Richard Burton, *Zanzibar: City, Island and Coast, Vol. I*, Tinsley Brothers, 1872, p. 318.

非沿海地区进行商业调查,特别关注其农业发展状况和潜力,后来菲茨杰拉德留下了一部题为《在英属东非海岸、桑给巴尔岛和奔巴岛的旅行:该地区的农业资源和一般特征》的记录。① 除了像东非公司之类机构的推进之外,还有一些以获取象牙为主要目标的猎商进入东非内陆。如一名叫阿瑟·纽曼(Arthur H. Neumann)的猎商,他在东非内陆-大湖地区北部一带巡游猎象,留有《在东赤道非洲猎象》一书。②

在南部非洲,白人商人持续地从开普敦、伊丽莎白港赶着牛车进入内陆,从奥兰治河到林波波河,从林波波河再到赞比西河。深入南部非洲内陆的商人中最著名的一位是乔治·韦斯特比奇(George Westbeech),他长期在赞比西河中上游地带行商和居住,为位于今博茨瓦纳东北部、津巴布韦西南部以及赞比亚西南部一带的诸族群所熟知。韦斯特比奇的日记由后人整理出版,这些日记涉及从南到北的商路、与非洲人的经济往来、与布尔人的商业竞争等方面的内容。③

除韦斯特比奇外,南部非洲最具特色的是一些"猎商",他们通过自己狩猎和从非洲人手中收购获取动物产品,然后带回白人世界出售。猎商从开普敦、格拉汉姆斯敦(Grahamstown)等南非白人城镇出发北进,他们带着枪支、布匹、珠子等商品进入内陆,或通过自己狩猎获取象牙,或通过贸易从黑人、布须曼人、霍屯督人、混血人群等手中换取象牙,然后再将象牙带回开普敦和格拉汉姆斯敦出售。大象难觅之后,猎商们又开始寻求兽皮、鸵鸟毛等产品,后来一些猎商还猎取野兽制作标本,供给英国的自然博物馆和私人收藏者。

猎商中比较知名的有威廉·康瓦利斯·哈里斯(William Cornwallis

---

① William Walter Augustine Fitzgerald, *Travels in the Coastlands of British East Africa and the Islands of Zanzibar and Pemba: Their Agricultural Resources and General Characteristics*, Chapman and Hall, ltd., 1898.

② Arthur H. Neumann, *Elephant-Hunting in East Equatorial Africa*, Rowland Ward, 1898.

③ Edward C. Tablor, *Trade and Travel in Early Barotseland: Diaries of George Westbeech, 1885–1888, and Captain Norman MacLeod, 1875–1876*, University of California Press, 1963.

Harris)、劳林・戈登・卡明(Roualeyn Gordon Cumming)、威廉・查尔斯・鲍德温(William Charles Baldwin)、弗里德里克・考特尼・塞卢斯(Frederick Courteney Selous)等。这些人都留下了相关的记录,哈里斯著有《1836 年、1837 年南部非洲行居记录》和《南部非洲的荒野狩猎》,①卡明著有《在南部非洲的五年狩猎与冒险》,②鲍德温著有《从纳塔尔到赞比西的狩猎与冒险》,③塞卢斯则有《在东南非的旅行与冒险》和《一个猎人在非洲的漫游》。④ 这些记录虽然往往多专业性狩猎方面的内容,但也会记载象牙等动物产品、枪支等的贸易、非洲人对象牙等动物产品贸易的参与,以及这种种贸易活动对非洲经济社会的影响等方面的内容。比如,卡明就在自己的书中详细记载在南非沿海城市的备货、在茨瓦纳人地区的象牙收购、茨瓦纳人的象牙经济组织、在格拉汉姆斯敦的象牙出售等过程,其中涉及一些颇具价值的数据。

　　从 19 世纪 70 年代前后开始,在南部非洲又出现了一批商业探矿者,他们怀揣着钻石梦和黄金梦在位于今南非、博茨瓦纳、津巴布韦等国的相关地区旅行和勘探。其中,最为著名的是托马斯・巴恩斯(Thomas Baines)。不过,他的知名并不是因为其探矿成就,而是因为他发表的关于金矿的书吸引了一批人拥向内陆。巴恩斯曾是一名战地记者,主要负责绘制战地图片用于报道,他曾随利文斯顿探险,后来又与一名猎商合伙成立公司去位于今津巴布韦的地区寻找金矿。他留下了《东南非的金矿地》一书,除了文字外,该书

①　William Cornwallis Harris, *Narrative of an Expedition into Southern Africa during the Years 1836 and 1837*, American Mission Press, 1838; William Cornwallis Harris, *The Wild Sports Southern Africa*, Henry G. Bohn, 1852.

②　Roualeyn Gordon Cumming, *Five Years' Hunting Adventure in South Africa*, Simpkin, Marshall & Co., 1850.

③　William Charles Baldwin, *African Hunting and Adventure from Natal to the Zambesi*, Richard Bentley, 1863.

④　Frederick Courteney Selous, *Travel and Adventure in South-East Africa*, Rowland Ward and Co., Limited, 1893; Frederick Courteney Selous, *A Hunter's Wanderings in Africa*, Macmillan and Co., Limited, 1907.

还载录了巴恩斯绘制的多幅图画,图文并茂地向世人展示了南部非洲内陆的自然风光、当时所见的大津巴布韦石建遗址、马塔贝莱王国(Matabele Kingdom)的日常、白人的旅行生活状况等。[①]

四、殖民军人/官员记录

在殖民征服和统治建立之前,英国在非洲活动的军人和官员主要是为了打击奴隶贸易。

亨利·亨特利(Henry V. Huntley)曾参与打击大西洋奴隶贸易的行动,后又曾短暂担任冈比亚沿海地区的行政长官,隶属塞拉利昂总督。亨特利记录自己在西非的军事和行政活动,留有两卷本的《在西非奴隶海岸的七年》。[②]

克里斯托弗·里格比(Christopher P. Rigby)在东非主导打击奴隶贸易的行动,长期在桑给巴尔及东非沿海地区停驻和活动,曾接待过探寻尼罗河源头的斯皮克、伯顿等。虽然里格比自己没有留下著作,但后来其女为他写了一部题为《里格比将军、桑给巴尔与奴隶贸易》的传记性质的著作,其中收入了较多的里格比在桑给巴尔履职期间的日记、私人信件以及公务电报等资料。[③]

苏利文舰长(Captain G. L. Sulivan)是英国皇家海军的一名军官,他曾指挥军舰在东非海域巡行,专门拦截搜捕运奴船,后来,他将相关经历写成一部题为《在桑给巴尔海域和非洲东海岸追踪运奴船:打击奴隶贸易五年的经历》。[④]

---

①   Thomas Baines, *The Gold Regions of South Eastern Africa*, Edward Stanford, 1877.

②   Henry Huntley, *Seven Years' Service on the Slave Coast of Western Africa*, Thomas Cautley Nemby, Publisher, 1850.

③   Charles E. B. Russell, *General Rigby, Zanzibar and the Slave Trade, with Journals, Dispatches, etc.*, Georgr Allen & Unwin Ltd., 1935.

④   G. L. Sulivan, *Dhow Chasing in Zanzibar Waters and on the Eastern Coast of Africa: Narrative of Five Years' Experience in the Suppression of the Slave Trade*, Sampson Low, Marston, Low, & Searle, 1873.

19世纪末20世纪初,英国开始在西非、东非、南部非洲的多个地方进行殖民征服和占领,并开始殖民统治的草创工作。一些殖民军人和官员贡献了丰富多样的记录,其中一些记录更是涉及非洲近代史上的一些重大事件,是后世了解和研究相关事件和进程的重要乃至主要记录。

在西非,英国与位于今加纳的阿散蒂王国在整个19世纪里不断进行战争。1900年,英国驻黄金海岸总督在阿散蒂王国首府库马西(Kumasi)索要阿散蒂王国圣物"金凳子"(Golden Stool),结果引发阿散蒂人的反击,随后引发战争。也正是在这场战争中,英国最终压服了阿散蒂。参与1900年战争行动的两位军官写下了《1900年阿散蒂战役》一书,[1]这本书实际上是两位写官作者就战争行动的报告。第一位作者阿米塔齐上尉(Captain C. H. Armitage)讲述了黄金海岸总督被围于库马西的原因和过程、总督向海岸撤退的情况,第二位作者蒙坦罗中校(Lieutenant-Colonel A. F. Montanro)则报告了解库马西之围的过程和随后的惩罚性作战行动的情况,二人的记录可以说完整地呈现了征服阿散蒂的最后一战的全过程。

在东非,弗里德里克·卢加德(Frederick Lugard)和哈里·约翰斯顿(Sir Harry Hamilton Johnston)值得一提。前者参加了征服乌干达的工作并曾担任乌干达军政长官(The Military Administrator of Uganda);后者曾在大湖地区镇压掠奴武装,又在乌干达担任特派专员。此外,两人还有在东非之外地方如尼亚萨兰、尼日利亚等地区担任殖民官员的经历,因此,他们的记录既能展现殖民征服、占领、管理的细节,又能提出一些关于殖民统治和治理的经验性思考。卢加德著有《我们的东非帝国》,[2]该书出版于1893年,当时建立乌干达保护地的工作正在推行中,卢加德在书中讲述自己在尼亚萨兰、乌干达以及东非多个地区的军事、政治活动以及个人的游历和观察,对这些地区的商业发展状况和机会、奴隶贸易状况等进行了论述,对乌干达政治

---

① C. H. Armitage and A. F. Montanaro, *The Ashanti Campaign of 1900*, Sands & Co., 1901.

② Frederick Lugard, *The Rise of Our East African Empire*, William Blackwood and Sons, 1893.

复杂的原因、冲突的起源与演变等进行了介绍和分析,可以说为理解乌干达在正式成为殖民地之前的历史发展、后来的形势演变以及当时要如何进行统治和治理提供了丰富的资料和建议。约翰斯顿则有《乌干达保护地》一书,该书对乌干达的地理条件、居民、历史、语言、动植物等进行了非常详细的记录和描述。^① 约翰斯顿还是一位多产的作者,并对非洲语言问题有所关注,是非洲语言学研究和以语言材料研究非洲历史的一个早期尝试者。

在南部非洲,矿业巨头塞西尔·罗得斯(Cecil Rhodes)主导的特许公司英国南非公司(British South Africa Company)在今津巴布韦所在的土地上建立了白人移民殖民地罗得西亚(Rhodesia)。这一过程涉及由南非出发进占马绍纳兰(Mashonaland,大致相当于今津巴布韦东北部)和征服马塔贝莱兰(Matabeleland,大致相当于今津巴布韦西南部),一些参与者留下了相关记录。比如前面提及的猎商塞卢斯,他参与了进占马绍纳兰和对马塔贝莱兰的征服,相关过程记录在他的《在东南非的旅行与冒险》一书中;再比如曾在英国南非公司警察部队服役的阿瑟·吉林·莱昂纳德少校(Arthur Glyn Leonard),他参与了进占马绍纳兰并投入马绍纳兰殖民地的草创工作,后来留下了一部题为《我们如何缔造罗得西亚》的书,该书以若干天为一个时段,非常详细地记载了向马绍纳兰进军及其前前后后共一年多时间里的整个过程;^②另一部比较全面而具有代表性的记录是《洛本古拉的倾覆》,这部书由塞卢斯、进占马绍纳兰和征服马塔贝莱兰行动的主要军事指挥官福布斯少校

---

① Harry Johnston, *The Uganda Protectorate: An Attempt to Give Some Description of the Physical, Geographu, Botany, Zoology, Anthropology, Languages and History of the Territories under British Protection in East Central Africa, between the Congo Free State and the Rift Valley and between the First Degree of South Latitude and the Fifth Degree of North Latitude*, Hutchinson & Co., 1904.

② Major Arthur Glyn Leonard, *How We Made Rhodesia*, Kegan Paul, Trench, Trubner & Co., Ltd., 1896.

(P. W. Forbes)和威洛比少校(J. C. Willoughby)等人撰写,全面地呈现了马塔贝莱王国的兴起和在白人的进攻下灭亡的过程。[①]

罗得西亚建立后不久,马塔贝莱兰和马绍纳兰两地就发生了暴乱,引起了整个南部非洲白人移民社群和英国国内的震动。最终,英国南非公司以武力和谈判相结合的方式平息了暴乱。在这一过程中,一些暴乱的亲历者和平暴行动的参与者记录下了相关事件和进程。前面述及的猎商塞卢斯曾在罗得西亚所在的广大土地上狩猎、游历,后参与了进占马绍纳兰和对马塔贝莱兰的征服,他亲历了 1896 年在马塔贝莱兰发生的暴乱并成为平乱过程中的重要人物。不久后,塞卢斯写下了关于马塔贝莱兰暴乱的《罗得西亚的阳光与风暴》一书。[②] 在书中,塞卢斯详述了暴动发生的起因、经过、结果和白人的平暴过程,对叛乱爆发之初的形势、黑人和白人双方的人员武器装备情况,以及作战行动、黑人杀害白人的事件,以及表现白人团结互助和智慧勇敢的事件,有尤其详细的描述。除塞卢斯外,还有其他的一些人也留下了相关记录。平乱军事行动的主要领导人巴登·鲍威尔(R. S. S. Baden-Powell)写下了《马塔贝莱战役:1896 年在马塔贝莱兰和马绍纳兰镇压土著暴乱的记录》,[③]另一位军事主官赫伯特·普卢默(Herbert Plumer)写下了《率领非正规部队在马塔贝莱兰行动的经历》。[④] 还有一些军官如泰瑞·拉因(D. Tyrie

---

① W. A. Wills and L. T. Collingridge, *The Downfall of Lobengula: The Cause, History, and Effect of the Matabeli War*, The African Review Offices and Simpkin, Marshall, Hamilton, Kent, and Co., Ltd., 1894.

② Frederick Selous, *Sunshine and Storm in Rhodesia*, London: Rowland Ward and Co., Limited, 1896.

③ R. S. S. Baden-Powell, *The Matabele Campaign: Being An Narrative of the Campaign in Suppressing the Native Rising in Matabeleland and Mashonaland 1896*, Methuen & Co., 1901.

④ Herbert Plumer, *An Irregular Corps in Matabeleland*, Kegan Paul, Trench, Trübner & Co., Ltd., 1897.

Laing)写下了《1896 年马塔贝莱暴乱：与贝林格韦野战部队在一起的经历》，[①]埃德文·阿尔德森(E. A. H. Alderson)则有《1896 年与骑步兵和马绍纳兰野战部队在一起的经历》。[②]

　　罗得西亚 1896—1897 年暴乱被后世的津巴布韦民族主义者看作是解放斗争的先声，但很不幸的是，津巴布韦的非洲人自己没有就这一重大历史事件留下任何文字记录，以至于他们在将非洲民族主义的话语贯彻于这一重大历史进程时，却不得不依赖他们所反对的殖民主义者和白人种族主义者留下的记录。

五、相关非英国人记录

　　虽然我们主要讲英国人的记录，但仍不能排除一些非英国人的记录。前已述及的斯坦利出生于英国，但后来在非洲的活动主要是以美国人的身份，而其部分活动则又与英国有联系；克拉普夫和巴斯是德国人，但他们明确受雇为英国服务。此外，还有一些美国人的记录，特别是一些在西非几内亚湾沿海地区传教的美国传教士的记录。基本上，这些人要么是与英国有关联，要么记录是直接以英语书写。除此之外，还有一些非英国人的非英语记录，他们或在英国人之前进入某个地区，或与英国人在同一时期开展活动，因其记录具有重要或者独特的价值而被翻译成英语，以为当时英国人在相关地区或领域开展活动提供参考，部分记录可在这里一提。

　　如瑞典人亨利·利齐腾斯坦(Henry Lichtenstein)，他是一名自然博物学者，还是一名药学博士，他于 1803—1806 年间在南部非洲旅行，是较早进

---

① D. Tyrie Laing, *The Matabele Rebellion 1896: With the Belingwe Field Force*, Dean & Son, Limited, 1897.

② E. A. H. Alderson, *With the Mounted Infantry and the Mashonaland Field Force 1896*, Methuen & Co. , 1898.

入南部非洲内陆地区的专业探险者之一。他记录了开普殖民地的基本历史、殖民地的自然地理状况、殖民者人群的生产生活状况以及科萨人、茨瓦纳人等非洲人族群的基本情况等。[①] 利齐腾斯坦的记录是之后在南部非洲内陆旅行的英国人的重要参考借鉴读物，汤普森、莫法特等都在自己的记录中多次提及利齐腾斯坦。虽然汤普森和莫法特比利齐腾斯坦走得更远，对相关地区和相关非洲人族群的了解更为深入，并且还修正了利齐腾斯坦的一些不太确切的记录和分析，但仍不可否认利齐腾斯坦是南部非洲内陆探险旅行的先驱者之一。

　　如葡萄牙人塞尔帕·平托（Alexandre de Serpa Pinto），他曾在利文斯顿之后探查赞比西河，后来又效仿利文斯顿从大西洋的安哥拉到印度洋的莫桑比克作横跨非洲大陆的探险旅行，他的《我如何穿越非洲》一书后被译成英语出版。[②] 还有一些葡萄牙人关于赞比西河中下游地区和大湖地区南部的记录也受到英国人的重视，因为他们早几十年乃至数百年就从莫桑比克沿海地区向东南非内陆进发，尽管他们留下的记录并不多，但也仍成为利文斯顿等人在相关地区行进和探查的重要参考。比如拉塞尔达（Dr. de Lacerda）于1798年访问卡曾伯王国，留下了自己的记录。利文斯顿后来访问卡曾伯王国及周边地后，英国的一些人对于这个国家表达了一定的兴趣，而他们也知道葡萄牙人早前就到过这些地方，于是英国皇家地理学会委托伯顿将拉塞尔达的记录翻译成英语，一同纳入出版的还有由一位叫比德勒（B. A. Beadle）的人士翻译的葡萄牙混血商人巴普蒂斯塔（P. J. Baptista）和何塞（Amaro José）的记录以及一位叫贝克（C. T. Beke）的人士翻译的蒙特罗（Monteiro）和加米图（Gamitto）的记录。[③]

---

① Henry Lichtenstein, *Travels in Southern Africa, in the Years 1803, 1804, 1805, and 1806*, Henry Colburn, 1812.

② Serpa Pinto, *How I Crossed Africa: From the Atlantic to the Indian Ocean through Unknown Countries, Discovery of the Great Zambesi Affluents*, J. P. Lippinott, 1881.

③ R. F. Burton, B. A. Beadle and C. T. Beke, *Lands of Kazembe*, John Murray, 1873.

如意大利商人西奥多·卡洛特(Theodore Canot),他是一名奴隶贸易商,他在非洲西海岸、西印度群岛两地间经营奴隶贸易,曾长期在西非沿海活动,也曾去往西非内陆地区,被其朋友认为是一个传奇经历者——正因为此,这位朋友就希望卡诺特能把自己的经历写出来,但卡诺特本人做不了这个工作,于是他就将自己的日志、商业备忘录等材料提供给了一位写作者,并与这位写作者会话,最终促成了一本书:《卡诺特船长:一个非洲奴隶商的二十年》。这本书以卡诺特第一人称的形式展开,利用卡诺特提供的原始资料,详尽地记录了在大西洋奴隶贸易的方方面面,包括在非洲购买奴隶和在西印度群岛出卖奴隶的过程、非洲人掠奴商队的组织和机制、奴隶商与非洲人互动的情况等。[1] 这些材料是来自奴隶贸易商,却恰恰能为英国的禁止奴隶贸易活动提供重要的参考指南。

如德裔俄国地理学专家和探险者威廉·杨克(Wilhelm Junker),他在1875年至1886年间三次在包括今苏丹、南苏丹、中非共和国、乌干达、肯尼亚等在内的中东部非洲内陆地区旅行,探明了尼罗河和刚果河的分水岭地区的基本地理情况,特别是水系水文方面的情况。杨克也记录了这一地区的经济、社会、政治等多方面的信息,并对其所遭遇的人群——比如沿尼罗河南下的阿拉伯商人、族群——比如阿赞德人(Azande)——进行了观察和记录。杨克的记录不仅首次比较全面地呈现了当时中东部非洲内陆地区的情况,也呈现了这一地区与北非、非洲之角乃至地中海世界之间关系的情况。[2]

还有如德籍犹太裔人士被称作"阿明帕夏"(Emin Pasha)者,他是一名物理学家和自然博物学者,他为奥斯曼帝国服务,并在19世纪70年代时进入由当时附属于奥斯曼帝国的埃及管辖的赤道苏丹地区,在那里他一边行医,

---

[1] Brantz Mayer, *Captain Canot: Twenty Years of an African Slaver*, D. Appleton and Company, 1854.

[2] Wilhelm Junker, *Travels in Africa during the Years 1875 - 1878*, Chapman and Hall, 1890; Wilhelm Junker, *Travels in Africa during the Years 1879 - 1883*, Chapman and Hall, 1891; Wilhelm Junker, *Travels in Africa during the Years 1882 - 1886*, Chapman and Hall, 1892.

一边研究和搜集动植物和鸟类资料。此后，他又继查尔斯·戈登（Charles Gordon）成为赤道地区总督。阿明帕夏本人有丰富的信件和日志资料，这些资料主要记述阿明在尼奥罗王国（Nyoro）、干达王国（Ganda）、维多利亚湖和阿尔伯特湖之间地带、巴里人（Bari）和拉图卡人（Latuka）地区（位于今南苏丹）、杰贝尔（Jebel）以西地带（位于今南苏丹）的旅行所见，还有相应地区的动植物、地理、文化、政治方面的情况等。①

　　不过，更引人注目的还不只阿明帕夏本人。19 世纪 80 年代初，苏丹地区爆发马赫迪起义，阿明帕夏被困于赤道地区，与外界失去了联系。1887 年，斯坦利在英国的支持下组织营救队伍，他们从刚果河口出发往东，穿越刚果河流域和赤道雨林地区，最终与阿明相会。然后，队伍再向东南进发，最终抵达坦噶尼喀海岸的巴加莫约（Bagamoyo）——这是一场大体上傍着赤道横跨非洲大陆的旅行，由于气候等方面的原因，这场旅行比当年利文斯顿在更靠南地方所做的横跨大陆旅行要更艰辛，但其所获得的发现成果也更加新异丰富。

　　与阿明帕夏相关和参与营救阿明帕夏行动的部分人员——既有英国人，也有非英国人——留下了一些记录。加埃塔诺·卡萨蒂（Gaetano Casati）是一名意大利人，他长期在赤道地区活动，也与阿明帕夏一样遭遇苏丹马赫迪起义的阻隔，后随阿明帕夏一道返回。他写下了《赤道十年及伴随阿明帕夏回归》，讲述他从东北非进入赤道地区并在赤道地区旅行的经历，记录了其在喀土穆以南的赤道和大湖地区北部所见的自然风物、相关族群和王国、马赫迪起义在赤道地区的展开和影响、斯坦利的营救等方面的情况。特别值得一提的是，该书包含大量图片，生动地呈现相关地区的自然风貌、居民生产生活

---

① G. Schweinfurth, F. Ratzel, R. W. Felkin & G. Hartlaub, *Emin Pasha in Central Africa: Being A Collection of His Letters and Journals*, George Philip & Son, 1888.

等方面的情况。①

希泽尔·帕克(Heazle Parke)是一名爱尔兰医生,也是一名自然博物学者,他以医疗官身份随阿明帕夏营救队进入赤道地区,留下了《一个阿明帕夏营救队医疗官在赤道非洲的经历》,主要讲述了其从利奥波德维尔(Leopoldville)出发傍赤道向东进发的见闻和经历以及在大湖地区北部短暂居留的情况,对刚果河流域的河流、丛林动植物、居民及其生产生活状况以及大湖地区北部的王国等进行了描述。②

蒙特尼-杰弗逊(A. J. Mounteney-Jephson)是一名英国商船海员,也担任过军官,他受斯坦利指派,与阿明帕夏就离开赤道地区进行协调和准备,并带领阿明帕夏和护送队伍离开。他和阿明帕夏在一起待了 9 个月,后来写下了《阿明帕夏与赤道地区的叛乱》一书。该书讲述了寻找阿明、与阿明会面并商讨和准备离开赤道地区、带着殿后队伍偕阿明帕夏去与斯坦利会合的情形,记录了主要族群如巴里人(Bari)的情况以及与马赫迪起义武装遭遇、互动的过程等。③

上述由探险家、传教士、商人、殖民军人和官员等贡献的记录或为公开出版的书籍,或可从公开渠道获得。而在这些之外,还有诸多私藏于机构或个人处尚未整理出版的资料,往往需要到机构或个人所在的实地,从相关人士后人的收藏、传教会等机构的档案、英国以及部分非洲国家图书馆或档案馆的馆藏等处去搜寻。除了文字记录外,还可能会有图片、实物等可资参考利用,如此等等,都是后续进一步研究可开发利用的对象。

---

① Gaetano Casati, *Ten Years in Equatoria and the Return with the Emin Pasha*, Frederick Warne and Co., 1891.

② Heazle Parke, *My Personal Experiences in Equatorial Africa as Medical Officer of the Emin Pasha Relief Expedition*, Charles Scribner's Sons, 1891.

③ A. J. Mounteney-Jephson, *Emin Pasha and the Rebellion at the Equator*, Charles Scribner's Sons, 1891.

第三章
19世纪英国人非洲行居记录包含的史料

　　不同职业或身份背景的人在不同时代抱着不同目的进入非洲不同的地方,由此而来的记录自然是丰富而多样、林林总总,包含人群、酋邦或国家以及相应的经济、政治、社会、文化、与外部世界的联系等多方面的内容。一些人记亲历亲见亲闻,有的还是欧洲人于非洲的"首度",不论形式如何,其内容总归有独特的实质;一些人观察视角独特且有所思,往往能让人对某些事物达成较深入的认识;还有一些人,纵使随生而记,但也仍能比较直接而生动地呈现某些情况。

　　尼罗河探源者贝克在记述自己探寻尼罗河源头经历的书的前言中说:植物学家、民族志学者、地质学家、自然学家、博爱主义者、传教士都可以从他的书中获知一些与自己职业和兴趣相关的信息。① 贝克觉得,自己的旅行记录可以

---

① Samuel W. Baker, *The Albert N'Yanza*, *Great Basin of the Nile*, *and Explorations of the Nile Sources*, Vol. I, Macmillan ％ Co., 1868, pp. ix‑x.

呈现他所见的非洲地区的自然、经济、社会、文化等诸方面的情况，并且这些对于未到过相应地方的人来说，都是全新的——也就是说，都是第一手资料。

19世纪英国人非洲行居记录所包含的历史研究资料主要可分为如下类别：经济史资料，社会文化史资料，族群、酋邦或王国史资料，关于重要历史人物的资料，关于重要历史进程或事件的资料，关于特定地区的资料。

一、经济史资料

19世纪英国人非洲行居记录中包含最为丰富的是经济史资料，涉及非洲相关地区的土地与物产、生产活动与生产技术、内部经济关系、对外经济关系诸方面。

不论其身份和职业，大部分在非洲的欧洲旅行者或居留者都会记录所到或所居之处的土地和物产。克拉伯顿在进入尼日尔河中游流域时，讲豪萨城邦卡诺和另一城邦扎里亚（Zaria）之间道路宽阔，路况良好，时见往返于两地的旅客以及满载商品和粮食的驴和牛；[1]而在卡诺城外，则有耕种状况良好的种植玉米、小米、高粱、靛青、棉花等的土地。[2] 奉命去东非调查农业投资可行性的一位专家则详细讲东非沿海的土壤、河流、已种植农产品和未来可种植农产品的情况，特别讲到桑给巴尔的丁香、椰子、芒果、纤维用棕榈、染料植物等已有物产，同时提议可发展纤维作物、可可、肉豆蔻、肉桂、甜椒、胡椒、生姜等的种植。[3]

---

[1]　Hugh Clapperton, *The Journal of A Second Expedition into the Interior of Africa*, *From the Bight of Benin to Soccatoo*, John Murray, 1829, p. 167.

[2]　Hugh Clapperton, *The Journal of A Second Expedition into the Interior of Africa*, *From the Bight of Benin to Soccatoo*, John Murray, 1829, pp. 169 – 174.

[3]　William Walter Augustine Fitzgerald, *Travels in the Coastlands of British East Africa and the Islands of Zanzibar and Pemba: Their Agricultural Resources and General Characteristics*, Chapman and Hall, ltd., 1898, pp. 564 – 586.

利文斯顿在濒卡拉哈里的茨瓦纳人地区时,说茨瓦纳人居住的地方没有多少可供贸易的东西,除了皮毯(karosses,南部非洲的一种大张皮制品,常用作披肩、裹毯)外主要就是象牙,但19世纪中期后象牙开始越来越少;然后是一些兽皮、兽角和牛只。[①] 在赞比西河流域行进时,利文斯顿深为赞比西河谷地区的优良土地和丰富物产所吸引,他描述了赞比西河流域多处河谷地带的肥沃土地和非洲人的田园种植以及牛羊放牧、往西至安哥拉所见的葡萄牙人种植的咖啡和棉花、往东至莫桑比克所见的棉花和甘蔗以及在一些地方看到的铁矿露头和煤矿露头等。在赞比西河中上游地区时,利文斯顿讲当地酋长可收取的贡品包括谷物、高粱、花生、铁锄、铁矛、蜂蜜、独木舟、木桨、木器皿、烟草、野果干、皮张、象牙等。[②] 而第二次由东海岸出发对赞比西河及其支流进行探查时,利文斯顿的目标已明确是为了扩展"文明世界"在这片地区的商业活动,以此打消奴隶贸易,因此他的这次探险更是加倍关注赞比西河的土地和物产。在《赞比西河及其支流探查记》的末章总结中,利文斯顿详细列明了赞比西河中下游地区的土地条件和经济潜力。他指出,从东南非海岸出发有港口和从港口到内陆宜居宜产高地的通道;赞比西河谷地带和临近河谷的高原地带土地肥沃,适合种植靛青、棉花、烟草、油料作物、甘蔗等,特别是棉花,还可以养牛,并且这里有量质俱佳的林木。当然,利文斯顿也指出周期性的干旱和洪水会构成障碍。[③]

　　非洲人的生产活动及相应的生产技术是另一项会进入欧洲旅行者和居留者笔下的重要内容。根据各地情况不同,欧洲人会在非洲遭遇采集渔猎

① David Livingstone, *Missionary Travels and Researches in South Africa*, John Murray, 1857, p. 123.

② David Livingstone, *Missionary Travels and Researches in South Africa*, John Murray, 1857, p. 216.

③ David and Charles Livingstone, *Narrative of An Expedition to the Zambezi and Its Tributaries; and of the Discovery of the Lakes Shirwa and Nyassa*, Harper & Brothers, Publishers, 1866, pp. 613-619.

者、农业种植者、牲畜养殖者、手工业者、商人等多种人群并记录他们各不相同的经济活动和生产技术。

　　利文斯顿在刚果河流域以南的广大地区行走，可谓是当时最见多识广者。他记录布须曼人用一种毛虫制毒涂抹在箭镞上进行狩猎，奥卡万戈三角洲一带的叶伊人（Bayeiyi）用一种强韧的洋麻纤维制网打鱼，库鲁策人（Bakurutse）用芦苇束扎制成小舟捕鱼，赞比西河中上游地区的科洛洛人（Kololo）用动物脑髓、奶或油鞣制出松软如布的皮张。① 他记录东非内陆的尼扬姆维齐人就蚁丘作炉炼制铜锭，大湖地区有渔民使用芦苇劈片制成的鱼罾捕鱼，有人在蚁丘上架设罩状物收集白蚁，还有人则在大象出没的地方设置陷阱。② 利文斯顿还记录赞比西河中下游地区的颇为有效的传统农业技术：非洲人会挖洞引水，然后在洞地播种玉米，可在干旱的季节收获单株 2—3 个玉米棒、每棒约 360 粒的不错产量，还可在旱季产出豆类、南瓜等；他们还会以土覆草沤烧制作灰肥，然后在灰肥地播种，产量也比较高。③

　　此外，在西非，有帕克记录曼丁哥人的纺棉、织布、染布和缝纫，并很具体地描述他们用的纺织工具、染布流程和缝纫工艺；④在东非沿海，有伯顿记录的桑给巴尔居民用贝壳、石灰、海沙等混合做建筑材料；⑤在东非内陆，有格兰特记录的非洲人制作树皮布和用人工脚踩棒抽的方式为谷物脱粒；⑥在南

① David Livingstone, *Missionary Travels and Researches in South Africa*, John Murray, 1857, p. 171, pp. 72 - 73, p. 211.

② Horace Waller, *The Last Journals of David Livingstone in Central Africa from 1865 to His Death*, Vol. I, John Murray, 1874, p. 322, p. 289; Vol. II, p. 30, p. 38.

③ David and Charles Livingstone, *Narrative of An Expedition to the Zambezi and Its Tributaries; and of the Discovery of the Lakes Shirwa and Nyassa*, Harper & Brothers, Publishers, 1866, pp. 523 - 524.

④ Mungo Park, *Travels in the interior districts of Africa*, *performed in the years 1795, 1796 and 1797*, Vol. I, John Murray, 1816, pp. 420 - 421.

⑤ Richard Burton, *Zanzibar: City, Island and Coast*, Vol. I, Tinsley Brothers, 1872, pp. 250 - 252.

⑥ James A. Grant, *A Walk Across Africa*, William Blackwood and Sons, 1864, pp. 60 - 61.

部非洲,则有众多旅行者和居留者记录非洲人牧养牛羊的情况,还有的记录
在非洲生活的荷兰殖民者、英国移民、混血人群等的经济活动,特别是讲这些
人群相对于非洲人群的一些长处,比如汤普森和莫法特都多次讲到白人和少
数有色人在季节性干旱地带开渠筑坝实施灌溉的活动,他们把这看作是白人
先进而土著落后的一个重要标志。其中,莫法特更是在茨瓦纳人干燥土地上
发展灌溉的先行者和示范者,他为了维持传教站的生计,在那里引水进行农
业种植,一些茨瓦纳人起而效仿,结果是导致本已缺乏的水资源更加缺乏,使
灌溉活动最终无法有效持续。①

　　欧洲旅行者或居留者会记录他们所见或所在的某个区域内部的经济格
局或诸族群间的经济关系。

　　在中西部非洲内陆,19世纪欧洲旅行者所见的主要是豪萨城邦、索科托
国家、博尔努国家等成型的政治经济实体,它们在经济方面的情况可通过帕
克、克拉伯顿、兰德尔兄弟、巴斯、莱尔德等人的记录进行了解。比如克拉伯
顿,他讲述了豪萨城邦卡诺的主要商帮、商人和商业运行的情况,他还从从事
跨越撒哈拉商道贸易的阿拉伯商人那里了解到了费赞(Fezan)、的黎波里和
卡诺之间的贸易情况等相关的信息;②而在索科托居留时,克拉伯顿从一些
商人那里了解到廷巴克图的情况:廷巴克图所在的地区大体上由图阿雷格
人(Tuareg)控制,廷巴克图城的黄金来自阿散蒂、贡加(Gonga)和班巴拉
(Bambarra),而后商人以黄金从图阿雷格人手中换取盐,从来自非斯(Fez)、
加达麦斯(Ghadamis)和的黎波里等北非地区的商人那里换取布匹。克拉伯
顿说,廷巴克图并不出产黄金,但却以黄金为纽带缔造了一个大市场,来自北

---

① Robert Moffat, *Missionary Labours and Scenes in Southern Africa*, Robert Carter, 1844, pp. 195-196.

② Hugh Clapperton, *The Journal of A Second Expedition into the Interior of Africa*, *From the Bight of Benin to Soccatoo*, John Murray, 1829, pp. 169-174.

方和东方的商品与来自南方和西方的商品在这里实现交换。①

　　在东非,沿海-内陆一线的商队和贸易网络最为引人注目,尼罗河探源者斯皮克、伯顿、格兰特以及后来的斯坦利等对此多有描述,利文斯顿的记录也有涉及。从沿海到内陆,有阿拉伯人主导的商路和商队,还有波斯人、印度人等,在斯瓦希里人和尼扬姆维齐人中,有的做阿拉伯人的代理,但大部分还是为阿拉伯人商队打工,特别是做搬运工。至于内陆地区的黑人,上层者供应奴隶或坐收过路费或保护费,下层者则往往被掠或被卖为奴。斯皮克等在从沿海往内陆的一路上会遭遇多种人群:有由阿拉伯人或有阿拉伯血统的混血人、土耳其人以及少量欧洲人带领的商队,他们主要掠买奴隶、猎象以及从事多种商品的贸易;有黑人的商帮,比如尼扬姆维齐人商帮;有大大小小的从事劫掠的流动武装;还有多个组织严密、力量强大的黑人酋邦或者王国,它们可以控制商路来征收贡礼,可以向商队提供商品和服务,有的还自己参与到商路贸易中去。而斯皮克等一众探险家和旅行者们本身也会成为商路和贸易的一分子,他们会沿商路行进,并且沿途以多种贸易形式获得给养,他们会用珠子、棉布、铜丝之类的商品与沿途的人交换南瓜、小米等食物,或者在向王国或酋邦的统治者提供礼品后获取他们的"慷慨赠予"——羊、家禽、牛奶、啤酒、肉类、果品等。

　　在中南部非洲的广大腹地,非洲人有自己的内部经济循环系统。比如利文斯顿讲科洛洛人的酋长塞克莱图(Sekeletu)从多个部落收纳贡赋,而在获得这些贡品后,塞克莱图会在臣民中进行分配,他自己只会保留一小部分。象牙从名义上来讲都属于塞克莱图,但塞克莱图会根据要人的建议并在臣民的监督下公开出卖。塞克莱图可以任选自己喜欢的东西,但也还是要顾全其

---

① Hugh Clapperton, *The Journal of A Second Expedition into the Interior of Africa*, *From the Bight of Benin to Soccatoo*, John Murray, 1829, p. 202.

他人的喜好，如果他独断专行、予取予求，那么他就可能失去臣民们的拥护。① 利文斯顿还记录大湖地区西部卢阿拉巴河一带经济活跃的情况，他讲卢阿拉巴河一带的居民是冶炼专家和编织高手，能制造精良的大矛、刀具和针；沿河的市场很多，每天都有装运草编布、盐、谷物粉、木薯、家禽、山羊、猪和奴隶的船在河上航行；而在市场活动的主要是妇女，她们精心穿着打扮，活跃而友好，每当做成一笔生意有所赚头时就会特别高兴。②

一些内陆的非洲人，看起来是拥有象牙或铜资源的黑人占据主导，但他们往往还是要借助姆巴里人（Mambari）、比萨人（Babisa）作中介——在白人进入并透露关于外部世界的经济信息后，一些内陆的人则开始抱怨这些中介，说他们给的产品收购价格极低。这种种非洲内部的经济格局和族群经济关系状况以不同形式鲜活地呈现在尼日尔河流域探险者帕克、南部非洲旅行者汤普森、中南非广大地区旅行者利文斯顿、尼罗河探源者斯皮克和伯顿等多人的记录中。

林波波河以南区域内部经济格局或诸族群之间经济关系的资料在汤普森、利文斯顿、劳林·戈登·卡明、塞卢斯等人的记录中多有呈现。在南部非洲，最显著的是诸种人群的等级化，其中，布须曼人处在最底层，再往上是霍屯督人，与霍屯督人差可并列或者略高一层的是茨瓦纳人，然后是混血人群、白人——白人又可分为布尔人和英国移民两类。这种层级化格局反映在经济层面就是：布须曼人、霍屯督人、茨瓦纳人都可能被布尔人或买或掠成为仆人和劳工，而霍屯督人最有可能落入这种境地；但是，茨瓦纳人又可以在布须曼人中强征象牙和皮张，还可强迫他们为自己劳动；布尔人和有色人是布须曼人、霍屯督人、茨瓦纳人的一些基本生产生活用品的供给者——猎商卡

① David Livingstone, *Missionary Travels and Researches in South Africa*, John Murray, 1857, p. 216.

② Horace Waller, *The Last Journal of David Livingstone in Central Africa: From 1865 to His Death*, *Vol. II*, Jchn Murray, 1874, p. 56.

明记载过布尔人、混血人群和茨瓦纳人之间的贸易,他讲一些布尔人会在牛只价格低、养牛不赚钱时装上一车货,去茨瓦纳人的地方换象牙、皮张、鸵鸟毛和其他稀奇古怪的东西,然后再运到格拉汉姆斯敦出卖;而茨瓦纳人所寻求的主要是各种颜色和大小的珠子、铜丝、刀子、衣服、火药、枪支、小奶牛、母羊——最后这两种东西,除了从布尔人那里获取外,一些与布尔人关系密切的混血人群乃至霍屯督人也可提供。①

但不管怎样,在 19 世纪,非洲内部的经济格局和族群经济关系最终都可归到沿海,与外部世界连接。

帕克描绘了塞内冈比亚海岸一带欧洲人与非洲人的贸易:葡萄牙人最早在这里设立商站,一些葡萄牙语的词汇还被融入非洲人的语言中;随后,荷兰人、法国人、丹麦人、英国人、美国人也来到这里,但最终占主要地位的是英国人,帕克所记的那个时期,英国每年在塞内冈比亚实现的出口额达 20 000英镑。② 帕克还记录说,欧洲人带到塞内冈比亚的商品主要是火器和弹药、铁器、酒类、烟草、棉帽,还有量较小的宽幅布、曼彻斯特出产的制造产品、印度舶来品、玻璃珠、琥珀以及各种杂货。欧洲人用这些商品来换非洲人的奴隶、金砂、象牙、蜂蜡、毛皮,其中,奴隶一度是大宗,他们是由奴隶贩子定期从遥远的内陆运送而来。③ 帕克还讲到,当奴隶贩子把奴隶带到海岸而一时又没有欧洲商人收购或市价不佳时,他们就会把奴隶卖给附近村庄里的商人,等条件许可时,奴隶贩子再回购。在这种出卖后再回购的模式之下,有一定的投机空间,因此海岸商人也愿意做这个生意。而在帕克那个时代,光靠贩卖奴隶已无法确保盈利,并且风险也很大,因此一些奴隶贩子也会向沿海人

① Roualeyn Gordon Cumming, *Five Years' Hunting Adventure in South Africa*, Simpkin, Maeshall & Co., 1850, p. 16.
② Mungo Park, *Travels in the interior districts of Africa*, *performed in the years 1795, 1796 and 1797*, *Vol. I*, John Murray, 1816, p. 36.
③ Mungo Park, *Travels in the interior districts of Africa*, *performed in the years 1795, 1796 and 1797*, *Vol. I*, John Murray, 1816, p. 36.

群贩卖土法制的铁、树胶、乳香以及一种果仁油,而沿海人群则主要用盐来进行交换。[1]

　　在东非,桑给巴尔是一块国际贸易的热土。伯顿在《桑给巴尔:城市、岛屿和海岸》一书中记录了桑给巴尔的外国商人和商业公司的情况,他指出在桑给巴尔的英国商人和公司比较少,多的是来自美国、法国和汉堡之类德意志邦国的公司,其中法国的最为突出,而法国公司在桑给巴尔的一个特色业务是收购植物油原料——特别是芝麻,然后运回普罗旺斯提制。伯顿也讲各公司之间的竞争,包括同一国的不同公司之间的竞争,比如法国公司想挤走美国公司,而不同的法国公司之间也互杀不已。[2] 在另一部题为《中部非洲的湖区》的书中,伯顿则专门记录和分析了以桑给巴尔为枢纽的东非国际贸易的总体情况,他详细列举了东非进出口涉及的产品,其中进口产品主要包括多种日用品、棉坯布、珠子和铜丝等,而出口产品则主要是内陆黑人采集的野生树脂和从广大内陆地区来的象牙;伯顿还分门别类地对进出口产品进行介绍,说明其形状、尺寸、颜色、特质、价格、产地等,比如介绍多种多样的布匹和珠子、几种不同的野生树脂以及来自不同区域的象牙等。伯顿还明确提出,就推进东非"文明化"这一工作来说,商人的作用要比传教士的作用更大。[3]

　　另一个比较引人注目的方面是东非-印度洋奴隶贸易。在19世纪的大部分时间里,奴隶贸易仍是桑给巴尔及周边陆域和海域的一项重要的国际性经济活动。相应地,掠奴和买奴也仍在东非-东南非内陆进行着。这项经济活动涉及内陆奴隶供应地、桑给巴尔等岛屿集散地以及亚洲南部、塞舌尔、马

①　Mungo Park, *Travels in the interior districts of Africa*, *performed in the years 1795, 1796 and 1797*, Vol. I, John Murray, 1816, pp. 37-38.

②　Richard Burton, *Zanzibar: City, Island and Coast*, Vol. I, Tinsley Brothers, 1872, pp. 317-321.

③　Richard Burton, *The Lake Regions of Central Africa: A Picture of Exploration*, Harper $ Brothers, 1860, pp. 527-544.

达加斯加等纳奴地,参与者有阿拉伯人、混血人群、黑人、欧洲人等,构成一张复杂的国际贸易网络。担任英国驻桑给巴尔领事的里格比将军对围绕桑给巴尔的奴隶贸易有比较全面的认识,他既记录了英国在禁止奴隶贸易方面的活动,也记载了仍在东非从事奴隶贸易的葡萄牙人、法国人、美国人以及阿拉伯人、波斯人方面的情况。他特别讲述了葡萄牙人、法国人、美国人对英国管制的抵制以及英国与相关国家的交涉等,从多种因素复杂交织的层面呈现了当时奴隶贸易在东非禁而不止的局面。① 苏利文舰长则以禁奴船指挥的视角介绍了桑给巴尔及周边海域的奴隶贸易的情况,他讲了当时东非奴隶贸易的基本形式,特别是讲了奴隶走私贸易的情况。② 此外,从桑给巴尔出发往内陆的探险家如斯皮克、伯顿、格兰特、利文斯顿、约瑟夫·汤姆森等也都有对围绕桑给巴尔的奴隶贸易的描述,特别是对桑给巴尔奴隶市场的记录。其中,格兰特在抵达桑给巴尔时还亲见了一艘运奴船被捕获的场景,他讲当时被捕获的运奴船上有至少 500 名奴隶,其中 75 名为妇女。③

利文斯顿对于东非-东南非奴隶贸易的记录尤其丰富,因为他出身传教士,对奴隶贸易深恶痛绝,其种种活动也正是以废除奴隶贸易为主要目的。他在第二次赞比西之行和湖区之行的过程中,与从事掠奴和贩奴的葡萄牙人、阿拉伯人、姚人等多次遭遇并发生互动,多次见识奴隶抢掠和交换的具体过程,还多次目睹因掠奴而废弃的村庄、田地以及被掠奴者弃置路边的已死或等死的奴隶。在描述和分析这些时,利文斯顿也不自觉地从国际贸易供需的角度进行思考,明确指出非洲外部仍然存在的对奴隶的需求是罪恶根源之一。

---

① Charles E. B. Russell, *General Rigby, Zanzibar and the Slave Trade, with Journals, Dispatches, etc.*, Georgr Allen & Unwin Ltd., 1935.

② G. L. Sulivan, *Dhow Chasing in Zanzibar Waters and on the Eastern Coast of Africa: Narrative of Five Years' Experience in the Suppression of the Slave Trade*, Sampson Low, Marston, Low & Searle, 1873, pp. 57 - 72.

③ James A. Grant, *A Walk Across Africa*, William Blackwood and Sons, 1864, pp. 8 - 9.

在南部非洲,以开普敦、伊丽莎白港(Port Elizabeth)、罗安达、克利马内(Quelimane)等为代表的港口是中南部非洲内陆广大地区与外部世界联系的主要地点,中南部非洲广大地区的经济在不同程度上受到来自这些沿海地方的影响或者对这些沿海地方造成影响。汤普森从一个旅行家和商业调查者的视角分析了开普敦在国际贸易上的地位和潜力:首先,开普敦居于优越的战略地理位置,是欧洲、美洲与东方连接通道上的重要节点;其次,开普敦可出产多种供应国际市场的产品,除已具备一定竞争力的酒类和谷物外,还可以在毛皮、美利奴羊毛、干果、矿物、生丝、海洋渔产品、象牙、树胶、鸵鸟毛、木材等方面进一步开拓。而除了英国本土、北美外,其他地方如南美、毛里求斯、南亚的市场也值得注意。[①] 汤普森在 19 世纪 20 年代提出这些想法时,开普敦在国际贸易上的地位还并不算突出,与一些地方的贸易联系还未有效建立,一些产品也还未能有效地投入国际贸易,但后来的事实逐渐证明了汤普森的预见性,酒类、羊毛、果品、野生动物制品等后来都成为南非的有代表性的国际贸易商品。

利文斯顿在 1853—1856 年的横跨非洲大陆的旅行中先后去到非洲大西洋海岸的罗安达和印度洋海岸的克利马内,他记录了这两个地方所体现的非洲对外经济关系的状况,特别是罗安达的情况。利文斯顿提供了一份反映罗安达在 1848 年 7 月至 1849 年 6 月间出口情况的统计表,表中呈现罗安达出口的商品主要包括象牙、棕榈油、咖啡、皮张、树胶、蜂蜡和热带海藻,其中,出口金额最高的是象牙,为 48 225 英镑;然后是热带海藻和棕榈油,出口金额分别为 23 940 英镑和 12 196 英镑。[②] 利文斯顿还记录了一组罗安达 1813/1819 年度至 1848/1849 年度间关税收入情况的数据,这组数据的一个引人

---

① George Thompson, *Travels and Adventures in Southern Africa*, Vol. II, Henry Colburn, 1827, pp. 280 - 302.

② David Livingstone, *Missionary Travels and Researches in South Africa*, John Murray, 1857, p. 437.

注目的地方是 30 年间奴隶贸易所带来的关税收入最多,为 108 028 英镑;其他产品的进口关税收入为 102 680 英镑,出口关税收入则为 7 827 英镑。①

此外,在一些人的关于非洲内部经济状况的记录中也往往能看到与外部世界的经济联系,比如在涉及枪支之类的非洲之外的商品、在非洲内陆与沿海外商之间沟通的非洲人商帮、非洲内陆商品的流转和出口、外部的供给和需求对非洲内部的影响等这些问题时,总是能披拣出一些与非洲对外经济关系相关的信息。比如利文斯顿第一次在恩加米湖地区遇见塔瓦纳人(Tawana)时,发现他们只是把象牙当作大象的"骨头",并不认为象牙是多么珍贵的东西,但在与利文斯顿同行的一位商人用一把只值 13 先令的枪换了十根象牙后,塔瓦纳人被震撼了。此后不到两年,塔瓦纳人就开始不断提升象牙的价格。② 这可以说是外部需求刺激非洲内陆相关经济活动的一个显著例子。

二、社会文化史资料

无论是哪一种旅行者或居留者,他们到非洲的某个地方之后总会注意到那里人们的社会文化生活,他们会描绘非洲人新奇而特殊的风俗习惯和仪式,会描绘非洲人传统甚而在他们看来实属野蛮的巫术和传统宗教,还会记录与非洲人在思想观念方面的碰撞等。

帕克记录了曼丁哥人的生活习惯、天地和来世观念、疾病和治疗方法、婚姻和丧葬仪式、住房建筑、音乐等娱乐生活、饮食等多个方面的情况,如曼丁

---

① David Livingstone, *Missionary Travels and Researches in South Africa*, John Murray, 1857, p. 438.
② David Livingstone, *Missionary Travels and Researches in South Africa*, John Murray, 1857, p. 68 - 69.

哥人的传统乐器科拉琴（Kora），就是由帕克首次介绍给非洲之外的世界。[①]
伯顿记录了东非居民的精神特质和信仰方面的情况，他说东非的"野蛮人"是
一种善与恶的混合体，其中"恶"发挥的较多，"善"则未得到很好的培育，所以
他们有诸如自私、爱说谎、固执、不受规训之类的很多坏习性，而他们整个的
社会也好不到哪去。伯顿还介绍了东非居民的偶像崇拜、灵魂信仰、巫术、求
雨习俗、神谕应用等。[②] 汤普森在自己的书中专辟一附章记录和分析了科萨
人，除了记录科萨人的历史、政治、经济方面的情况外，还逐项记录和分析科
萨人社会文化方面的情况，包括犯罪与惩罚、巫术、信仰与迷信、割礼等风俗、
婚姻和丧葬仪式、药物与医疗、穿着打扮等多个方面。[③]

社会文化史资料在传教士的记录中体现最多。

传教士首先要观察和了解非洲人的社会文化生活，再想办法改变一些东
西，或者革除一些东西，在此过程中逐渐将"福音"移植进去，这可以说是传教
士的主要工作内容。因此，传教士对非洲社会文化生活方面的记录和分析应
该是最具价值或者至少是有独特之处的。

在传教士所要面对并要改变的诸种非洲社会文化现象或事物中，各种形
式的传统信仰或者"迷信"最具代表性，其中包含巫术、祈雨、神祇观念等多方
面的内容。在一些传教士看来，除了一些地方具备的外来性宗教外，非洲人
并没有或者很少有可被称作信仰的东西，而各种形式的"迷信"倒是盛行。白
人传教士所称的"迷信"可以说是非洲相关族群或政治经济实体的社会文化
的一个浓缩呈现，它牵涉甚广，植根于非洲人观念中甚深——从事"迷信"活
动是一个方面，但最关键的还是信"迷信"。"迷信"是传教士最想改变但最难

---

① Mungo Park, *Travels in the interior districts of Africa*, *performed in the years 1795*, *1796*
   and 1797, *Vol. I*, John Murray, 1816, pp. 385 - 427.
② Richard Burton, *The Lake Regions of Central Africa: A Picture of Exploration*, Harper &
   Brothers, 1860, pp. 489 - 510.
③ George Thompson, *Travels and Adventures in Southern Africa*, *Vol. II*, Henry Colburn,
   1827, pp. 335 - 365.

改变的东西,消除非洲人的"迷信"是传教士的最大挑战。

在科萨人中传教的威廉·肖说:"卡菲尔人(指科萨人)的国度里严格来说不存在任何信仰,但他们有一套复杂的'迷信'系统,这一系统与他们社会生活的所有主要方面都有交织,能够呈现他们的大部分特质。"①威廉·肖提出,如果说科萨人有牧师或者神父之类的神职人员,那么就是指祈雨者或者巫医,他们会主持一些更倾向于是"迷信"而非宗教信仰的仪式,这些仪式的目标首先是为了祛除现实的"恶",比如干旱、作物歉收、牲畜死亡、人的病痛等,然后是要求得现实的"福报",相应的就是降雨、作物丰收、牲畜肥壮和人的健康等。威廉·肖认为,科萨人更热衷于巫术性质而非信仰式的活动,他们行巫或者信巫,相信"邪恶之眼"的破坏性力量,相信行巫者可以获取或调用自然力特别是动物的力量,也相信治巫者可以克制行巫者——但在威廉·肖看来,行巫者和治巫者都属于基督教力量要打压消除的对象。威廉·肖提到,传教士会对科萨人说"不应该有巫术",科萨人也会回应表示认可——但他们只是说说而已。②

威廉·肖专门记录了科萨人的混杂了传统信仰和"迷信"成分的多种仪式。记录比较细节的是嘈杂兴奋、私人发起的"献祭"仪式:神职人员在包含焚烧花木、舞蹈、歌咏等内容的仪式中迷狂,在迷狂中下令杀牲,献牲的血被专门收纳后传送给求神者或病患,献牲的身体被切割并放置在某个地方让神或者祖先魂灵享用。在规定的时间过去之后,献牲的血、油脂和部分骨头被埋入地下,剩下的肉,一半归神职人员及其家属,另一半则在求神者或病患所在的牛栏(Kraal)中分配。③

---

① William Shaw, *The Story of My Mission in South-Eastern Africa*, Hamilton, Adams, and Co., 1860, p. 444.

② William Shaw, *The Story of My Mission in South-Eastern Africa*, Hamilton, Adams, and Co., 1860, pp. 444 - 446.

③ William Shaw, *The Story of My Mission in South-Eastern Africa*, Hamilton, Adams, and Co., 1860, pp. 449 - 450.

　　除了私人发起的"献祭"仪式之外，还有由酋邦或者整个族群共同举办的仪式和以家庭为单位举行的意在趋吉避凶的仪式。由酋邦或者整个组织举办的公共仪式主要有：意在让战士更强壮、更勇敢、在战斗中更不易受伤害的战前"献祭"仪式，给酋长或其他地位较高人物逝世举行的葬礼仪式，公开处理攻击性或伤害性巫术活动和惩罚巫师的仪式，献初熟收获品的仪式，祈雨仪式，割礼仪式，猎获大象后举行的仪式等；以家庭为单位举行的仪式主要有：与生育相关的仪式——主要是一些针对产妇的禁忌、女性成年仪式、建筑物或人畜遭雷击后的驱邪仪式等。[①]

　　这些仪式除了具有明确信仰形态的活动外，还往往包括共同参与的歌舞、分享式宴饮等。在一些人看来，这实际上是一种社会场合，还是一种经济活动，特别是最终神职人员获取动物身体的部分或者其他物品会被一些人看作是神职人员的"营收"。而在一些传教士看来，有些神职人员所进行的活动并没有达成祈求者想要的效果，但他们还是收取了回报，那么这就可以被看作是一种欺骗。传教士曾试图跟非洲人说明这一点，但非洲的民众当然难以接受，而神职人员显然会把传教士的这种言行当作冒犯，他们会明确地表示抗议和抵制，甚而鼓动民众驱逐乃至伤害传教士。因此，在面对非洲人的种种迷信活动时，传教士是要慎重考虑应对方式的，不能贸然非议和试图进行打击。

　　在茨瓦纳人中传教的莫法特认为，在非洲人中传教面临的最大障碍之一是他们缺乏神学观念和信仰，但非洲人还是会有一些关于超自然物或者人力所不及的强力存在的观念。在茨瓦纳人中，这种所谓的"超自然物或者人力所不及的强力存在"常被称作"姆利莫"（Morimo 或类似发音拼写，除茨瓦纳人地区外，这一称谓或类似的称谓以及相关联的观念和实践在中南部非洲内陆的多个族群中存在）。祈雨者和巫医认为这是一种凶恶而强力的存在，他

[①]　William Shaw, *The Story of My Mission in South-Eastern Africa*, Hamilton, Adams, and Co., 1860, pp. 452 - 455.

住在某个洞中,时不时出来向人和牲畜播撒疾病乃至制造死亡。但在莫法特看来,这是一种祈雨者和巫医用来实施制约和恐吓的伎俩,他们声称自己是姆利莫的代理人或代言人,以此要求酋长听从自己的指令或建议,可以以降雨为条件来要求酋长宰牛献祭,而宰杀的牛的一部分最终是归了祈雨者或巫医的。

莫法特曾与一些祈雨者和巫医交流,听他们作理论性的描述,也听他们讲一些关于姆利莫的故事或"神迹",发现他们对姆利莫的描述总有差异,但其中也有一些共同点,比如说姆利莫似乎从不会做好事,比如说姆利莫可能是一种疯狂、令人摸不着头脑的存在,以至于有人会形容某个"神神叨叨"或者"不靠谱"的人是姆利莫。莫法特专门记录了祈雨者利用"姆利莫"开展活动的细节:首先,祈雨者会说姆利莫掌控降雨,而他祈雨者是能与姆利莫沟通者;然后,祈雨者会举行仪式、要求献祭;最后,如果降雨了,祈雨者会说是自己触动了姆利莫,而如果未能降雨,那么祈雨者就会把责任归到姆利莫"不通情理"上,需要继续在献祭等方面进行努力。① 到了莫法特等传教士较多的时候,祈雨者还会把责任归到传教士身上,说是他们影响了祈雨的成效,甚或鼓动茨瓦纳人去挑斗传教士:如果你们的上帝无所不能,何不为我们求一场雨呢?

在恩德贝莱人中传教的大卫·卡内基专门观察记录过恩德贝莱人的巫术,他这样总结恩德贝莱人的巫文化:"你说一个(恩德贝莱)人是小偷,是无赖,是说谎者,内心邪恶,都没什么关系,最能震动他的是说他是个行巫者。"②卡内基记录了恩德贝莱人中的一些他认为"荒诞不经"但恩德贝莱人认为"确凿可信"的巫术事件,然后梳理了恩德贝莱人巫术的整个流程:先是

---

① Robert Moffat, *Missionary Labours and Scenes in Southern Africa*, Robert Carter, 1844, pp. 176 – 182.

② David Carnegie, *Among the Matabele: For Ten Years Resident at Hope Fountain Twelve Miles from Bulawayo*, The Religious Tract Society, 1894, p. 31.

一些人向酋长举报某人行巫，然后酋长委派治巫者去调查处置——此时举报者会向治巫者奉上一头牛并指明谁是行巫者，治巫者经过一番嘈杂仪式之后就说那个人是行巫者，尽管被控行巫者可以抗辩但往往无济于事，最后的结果基本都是行巫者失去地位和财富或者被处死。卡内基觉得这是恩德贝莱"异教徒"最黑暗的一面，实际上是一种有针对性的打击和掠夺行为。①

除了具体可见的人、物和场景外，传教士还会与非洲人发生思想观念方面的碰撞，这种碰撞也能呈现非洲社会文化方面的特点。

来自"文明世界"的传教士认为非洲人是野蛮的，因为他们或者杀戮或者被杀戮，因为他们内心处于一片黑暗之中，不知道光明与和平的滋味，而这一切的根源在于他们没有基督教的信仰，不读《圣经》，不知福音。但是，非洲人自己可并不这么认为，他们会有一些极具理性的疑问，也会与传教士作绝非没有逻辑的对话乃至辩论。

利文斯顿初到茨瓦纳人中传教时，与茨瓦纳人的一位酋长塞切莱多次相会并就宗教事宜进行交流，塞切莱本人对利文斯顿意欲传播的东西表达了兴趣，并提出了很多问题，但在具体涉及民众中传教方面，塞切莱就说："以前，如果酋长喜欢狩猎，那么所有的民众就会想去拥有猎狗并喜欢上打猎；如果酋长喜欢舞蹈和音乐，那么所有的民众就会爱上这种娱乐；如果酋长喜欢啤酒，那么所有的民众就会纵酒狂欢。在传教这件事上，我本人是爱上帝的话语的，但我的兄弟姐妹们却都不愿意随我来。"②因为在茨瓦纳人的生存环境中，干旱是一个大挑战，饥饿则往往随干旱而来，上帝的话语不能解决干旱问题，更不能填饱饥饿的肚腹，反倒是那些"神神叨叨"的祈雨者和巫师们，能借一场仪式，让人们得到短暂的欢愉。

---

① David Carnegie, *Among the Matabele: For Ten Years Resident at Hope Fountain Twelve Miles from Bulawayo*, The Religious Tract Society, 1894, pp. 31-36.

② David Livingstone, *Missionary Travels and Researches in South Africa*, John Murray, 1857, p. 19.

在恩德贝莱人中传教的威廉·艾略特曾与洛本古拉多次做"暗中较劲"式的对话。有一次,洛本古拉对自己的臣民发表"教谕"式的讲话,他说了三句:"上帝让一些牛是黑的,让一些牛是白的;上帝让一些人是黑的,让一些人是白的;上帝让一些人是好的,让一些人是坏的。"每说一句,洛本古拉的臣民们都会爆发一阵赞美的欢呼,但到最后一句时,威廉·艾略特就起而反驳说:"不是这样的,国王,上帝不会制造任何坏的东西。"对此,洛本古拉的臣民非常不满,但洛本古拉本人倒是没怎么在意,他就问:"那是谁制造了坏人,如果不是上帝,那难道有些人本来就是坏吗?"艾略特答说:"是邪恶的魔鬼让人变坏。"洛本古拉又问:"那是谁制造了邪恶的魔鬼?"艾略特在这里被难住了,他说:"我不知道是谁制造了魔鬼,但有人说魔鬼曾是上帝信任的仆人,但后来魔鬼想取代上帝。就像国王您,您可能有您信任的仆人,您给他牛和妻子,但后来他可能就觉得自己就是国王了。我觉得魔鬼就是这样来的吧!"听艾略特说了一通后,洛本古拉直接来了一句:"那上帝为什么不杀掉魔鬼? 像我,我肯定会杀掉你说的那个人。"①

传教士是真正深入非洲社会文化体内部的人,他们不光要面对非洲人有形的社会文化,还要面对无形的社会文化。传教士的记录对非洲传统社会文化抱持了不少的偏见,这一方面是因为观念不同,另一方面也是因为传教士本身的身份使然,他们刻意地要否定非洲人的传统社会文化,以此传入自己东西,但不管怎样,对于非洲相关历史的研究者来说,传教士的记录是包含了丰富而具体的非洲社会文化史资料的。

三、族群、酋邦或王国史资料

19 世纪英国人在非洲或行或止,会遭遇一些族群,会进入一些酋邦或王

---

① W. A. Elliott, *Gold from the Quartz*, London Missionary Society, 1910, pp. 117 - 119.

国,有的还会在一些族群、酋邦或王国中作较长时间的居留。在这种过程里,他们会观察非洲的族群、酋邦或王国,也会与之互动,进而留下种种感性的认识和理性的思考。

在西非,英国的探险家和商人在海岸登陆后,或作停驻或向东往内陆行进。在这一过程中,他们会遇到多个族群,如沿海的以商为主的迪奥拉人(Diola)、广泛分布于沿海和内陆的曼丁哥人(Mandingo)等。帕克从西非海岸登陆后向东往内陆行进,他描绘了塞内冈比亚海岸以及邻近内陆地区的非洲人,他把这里的非洲人分成四个族群:迪奥拉人(Diola。帕克书中写作"Feloop")、沃洛夫人(Jaloff)、弗拉尼人(Fulani。帕克书中写作"Foulah")和曼丁哥人。帕克首先说他们都是穆斯林,但同时又保留着一些传统的信仰元素。帕克称迪奥拉人性格阴郁,睚眦必报;他称沃洛夫人是一个积极、强势、好战的族群,居住在塞内加尔河和冈比亚的曼丁哥人区之间,他们分成若干独立的王国,互相之间多有争斗;他称弗拉尼人过着游牧生活,要向给他们提供牧场的人缴纳贡赋;他称曼丁哥人分布广泛,他们性情温和、合群,有比较完善的政制,中央有受要人或长者制约的国王,各较大的村镇有行政长官维持秩序、征税、处理法务等——而曼丁哥人的法律体系也较为完善,既有传统习惯法,也吸收了伊斯兰教法的一些元素。[1]

在东非,尼罗河源头和大湖地区探险者从沿海到内陆会遭遇多个族群,特别是他们还会根据探查工作的需要,雇请来自多个族群的人,从而在日常生活中与之互动,因此他们关于相关族群的记录颇具特色。尼罗河源头和大湖地区探查团队的规模一般都比较大,且族群来源一般都较为多样,包括能协助招募组建团队、协调团队内部、主导与沿路人群沟通的阿拉伯人或者有阿拉伯人血统的混血人"领队"、阿拉伯人领队之下的黑人分领队或者"小头目"、黑人搬伕、混血雇佣兵以及黑人或混血人生活仆人等。在日常互动中,

---

[1]　Mungo Park, *Travels in the interior districts of Africa*, *performed in the years 1795*, *1796 and 1797*, *Vol. I*, John Murray, 1816, pp. 21-32.

白人探险者们最担心的是团队内部矛盾、哗变和某些人开小差,其中特别易发的是某些人开小差,特别是搬伕。在这种复杂互动中,白人从一开始就对非欧洲人——特别是对黑人——抱有偏见,而在团队行进中发生的种种状况又会使他们加深这种印象。他们的记录常常会涉及这样的内容:阿拉伯人是狡猾的,黑人都很懒、不诚实、无道德。当然也有一些欧洲人愿意成为赞赏者,比如对黑人被释奴群体恩瓜纳人(Wanguana 或 Wangwana),尽管英国的探险者们觉得他们有一些不好的习性,但仍愿意用他们。斯皮克在自己书的前言中辟专节介绍恩瓜纳人,承认他们对自己的探险作出了很大的贡献;①斯坦利则称恩瓜纳人是听话、诚实的仆人,好打交道,很多人都很聪明、勤奋、勇敢、有进取心。②而在从沿海往内陆的整个过程中,尼扬姆维奇商人和搬伕会是白人探险者打交道最多的族群。伯顿在《中部非洲的湖区》专门介绍了尼扬姆维齐人等族群的情况,包括它们的衣食住行、风俗仪式、语言、政府政制以及从事商业活动等方面的情况。③

在南部非洲活动人士的记录中,19 世纪早期的记录大多会涉及布须曼人、霍屯督人、科萨人、茨瓦纳人以及混血人群和白人移民,较晚时期的记录除了仍会涉及这些较南地区的族群之外,还会涉及较北地方的恩德贝莱人、绍纳人、洛兹人等。其中,布须曼人被提及的最多。在白人和黑人的双重挤压之下,19 世纪布须曼人主体已遁入卡拉哈里地区,行经卡拉哈里或在卡拉哈里周边活动的白人通常会与他们遭遇。特别是传教士和猎商,他们与布须曼人的正面交流比较多。他们有时会与布须曼人开展以物易物贸易,有时会临时或短期雇佣布须曼人干活,而一些传教士则更是曾试图在布须曼人中传教。19 世纪 20 年代,在南部非洲旅行探险的汤普森和茨瓦纳人地区传教的

① John Hanning Speke, *Journal of the Discovery of the Source of the Nile*, William Blackwood and Sons, 1863, p. xxv.

② Henry M. Stanley, *Through the Dark Continent*, Vol. I, Harper & Brothers, 1878, p. 47.

③ Richard Burton, *The Lake Regions of Central Africa: A Picture of Exploration*, Harper & Brothers, 1860, pp. 293-301.

莫法特的记录里,在40年代在开普和恩加米湖(Lake Ngami)间活动的利文斯顿以及一众或与布须曼人交易或雇佣布须曼人做向导搬运工的猎商们的记录中,布须曼人的体质、物质生产生活、宗教文化、语言、与其他族群如茨瓦纳人的关系等都有所呈现。除布须曼人外,霍屯督人、科萨人、茨瓦纳人、有色人也被提及较多,比如汤普森、威廉·肖、史蒂芬·凯有丰富的关于科萨人的记录,莫法特和利文斯顿则有比较深入的关于茨瓦纳人的记录等。

　　一些非洲近代历史上重要的酋邦或王国也得到记录。那些深入内陆的探险家、传教士、商人和殖民者们,有的为了获得通行权,有的为了能够获准设立传教站或商站,有的为了谈判条约,他们怀抱着各自的目的进入相关地方的控制性酋邦或王国的"宫廷",盘桓来往,对这些酋邦经济、政治、社会、文化等多有记录。

　　比如在西非,有帕克记录塞古王国(Sego),克拉伯顿记录豪萨城邦和索科托哈里发国家,巴斯记录豪萨城邦、索科托哈里发国家和加涅姆-博尔努王国(Kanem-Bornu),以及一些商人记录几内亚湾沿海的约鲁巴人商业城邦、阿散蒂王国、达荷美王国(Dahomey)等;在东非和东南非,伯顿、斯皮克、贝克、斯坦利等记录桑给巴尔素丹国、干达王国、尼奥罗王国,利文斯顿记录科洛洛王国、卡曾伯王国;在南部非洲,最有代表性的是多种人士在多个时期对科萨人诸酋邦、祖鲁王国、茨瓦纳人诸酋邦和马塔贝莱王国的记录。上面这些酋邦或王国,都在非洲近代史上占据重要地位,有的还构成相关非洲国家历史的正统主线性部分,如豪萨城邦、索科托哈里发国家、约鲁巴人商业城邦之于现代尼日利亚,干达王国和尼奥罗王国之于现代乌干达,科洛洛王国和卡曾伯王国之于现代赞比亚,科萨人诸酋邦和祖鲁王国之于现代南非,茨瓦纳人诸酋邦之于现代博茨瓦纳,马塔贝莱王国之于现代津巴布韦等。

　　在上述这些记录者中,巴斯的贡献特别突出。前已提及,他不仅是一个旅行探险家,还是一位有深厚素养的学者,他的记录、资料和相应的描述、分析也更具深度。巴斯专门从历史角度记录和论述了豪萨城邦、索科托哈里发国家和加涅姆-博尔努王国,还搜集了关于桑海国家的史料并进行了整理论述。

在论及豪萨时,巴斯首先考证了豪萨人的起源,除了从历史语言学角度进行词源论述外,还引证时人提供的信息,比如索科托哈里发贝洛称豪萨人源出于博尔努,豪萨人的祖先是一名博尔努奴隶——但是巴斯从语言学的角度对此表示质疑,因为豪萨诸邦中有的操与博尔努国家的卡努里语(Kanuri)相似的语言,但有的则并非如此。巴斯通过观察以及实地调研访谈,获得了多种关于豪萨城邦历史的资料,既有语言方面的资料,也有非洲人提供的口述资料。在此基础上,巴斯大致地呈现了豪萨城邦的整体起源和发展史,并对卡奇纳(Katsena)、卡诺等主要豪萨邦国的历史进行了专门论述。①

在论及索科托哈里发国家时,巴斯首先从这一国家的创建人群弗拉尼人入手。在曼丁哥人、豪萨人、卡努里人和阿拉伯人那里,弗拉尼人有不同的称呼,弗拉尼人与这些人群长期共处互动,在语言上多有类似,在血缘上也有交集。根据获得的资料,巴斯提出,16 世纪初,一个弗拉尼人奴隶集团进入豪萨城邦地区并开始发展壮大,到 18 世纪末 19 世纪初,弗拉尼人与豪萨人的冲突开始尖锐化,一个叫奥斯曼·丹·福迪奥(Osman Dan Fodio)的人应运而生,他举起伊斯兰教圣战的旗帜,并最终建立索科托哈里发国家。② 亨利·巴斯还专门记录了集聚在豪萨城邦戈比尔(Gober,今或拼作 Gobir)和赞法拉(Zanfara,今或拼作 Zamfara)的弗拉尼人的历史,③记录了奥斯曼·丹·福迪奥的圣战歌谣,④记录了索科托哈里发国家占领瓜分豪萨城邦地区

---

① Henry Barth, *Travels and Discoveries in North and Central Africa*, Volume II, Longman, Brown, Green, Longmans & Roberts, 1857, pp. 69‑147.

② Henry Barth, *Travels and Discoveries in North and Central Africa*, Volume IV, Longman, Brown, Green, Longmans & Roberts, 1858, pp. 143‑153.

③ Henry Barth, *Travels and Discoveries in North and Central Africa*, Volume IV, Longman, Brown, Green, Longmans & Roberts, 1858, pp. 526‑530.

④ Henry Barth, *Travels and Discoveries in North and Central Africa*, Volume IV, Longman, Brown, Green, Longmans & Roberts, 1858, pp. 531‑532.

的情况。① 关于索科托哈里发国家的历史记录,既属于索科托哈里发国家本身,也能被纳入范围更广大的19世纪西非伊斯兰圣战历史的范畴,因此巴斯的记录可以说具有非常重要的价值。

在论及加涅姆-博尔努王国时,巴斯首先列举了关于该王国历史的文献,包括一部从早期到19世纪初的编年史、两份博尔努王名录、一份关于名王阿劳马(Edris Alawoma,为博尔努国家最强大、最繁盛时期的缔造者)统治前期情况的文献、一些零散的阿拉伯旅行者记录、一份关于博尔努国家派往北非的黎波里的使节的信息的文献。然后,巴斯对这些文献进行了分析,特别对编年史文献进行了论证,以此为基础对博尔努王系进行了详细的梳理、考证和辨析,得出了一些年代数据,其中有部分巴斯认为是较为可靠的,但另外的部分则可能猜测估计的成分较多。在得出基本的框架后,巴斯又从历史学、语言学、民族志等角度探索了加涅姆-博尔努王国缔造族群塞弗瓦人(Sefuwa)的起源问题。综合这些资料和研究,巴斯基本完整地把加涅姆-博尔努国家的历史呈现出来。② 从对博尔努王系和塞弗瓦人起源的资料整理和论证中可以看出,巴斯具有极高的史学研究水平,远非单纯的旅行者和探险家所能比拟。

对桑海国家历史资料的搜集、记录和整理被认为是巴斯的最大贡献之一。桑海国家为非洲历史上著名的西非三古国——加纳、马里、桑海——的最后一个,它是西苏丹历史上的最后一个大帝国,在它灭亡之后,西苏丹地区陷入了约两个世纪的混乱。当19世纪一众旅行家进入中西部非洲时,桑海国家已不存在多年,那么关于它的历史又何处找寻呢?实际上,虽然外界长期对桑海国家所知甚少,但一些摩洛哥和西班牙的穆斯林作者却有一些记

---

① Henry Barth, *Travels and Discoveries in North and Central Africa*, Volume IV, Longman, Brown, Green, Longmans & Roberts, 1858, pp. 533 - 537.

② Henry Barth, *Travels and Discoveries in North and Central Africa*, Volume II, Longman, Brown, Green, Longmans & Roberts, 1857, pp. 253 - 282.

录,还有来自极少数黑人穆斯林学者的记录。巴斯对这些资料进行了搜集、整理和辨析,特别是对黑人穆斯林学者阿赫迈德·巴巴(Ahmed Baba)的记录进行了陈述和论证。在对桑海国家的历史框架进行呈现的基础上,巴斯还专门论述了桑海国家重要统治者索尼·阿里(Sonni Ali)和哈吉·莫哈迈德·阿斯基亚(Haj Mohammed Askia)及其在位时期桑海国家的情况,包括经济、政治、社会、文化发展等多个方面。此外,巴斯还简单地回溯了桑海之前的加纳和马里的历史。由此,非洲历史上著名的"西非三古国"可以说比较完整地呈现了出来。①

豪萨城邦、索科托哈里发国家、加涅姆-博尔努王国和桑海国家在地域上涵盖中西部非洲内陆的大部分地区,也就是说,巴斯的相关记录综合起来可以被看作是一部比较完整的中西部非洲内陆地区史。

对于近代史上的重要酋邦或王国,非洲人自身是留下了一些口述资料的,但白人旅行者或居留者们的记录更全面、更细致,并且比口述资料更稳定。而且,有相当一部分所谓非洲人自身的口述资料实际上也是经由白人旅行者或居留者的记录保存下来的,因为非洲人自身无法记录,有的甚至都并不关注,只是在白人注意并询问的情况下他们才讲述出来从而被记录下来。不管怎样,在那些对于某个非洲国家来说非常重要的历史的记录方面,白人旅行者或居留者是作出了不可抹杀的贡献的。

四、关于重要历史人物的资料

英国的探险家、传教士、商人以及殖民军人和官员等在进入非洲时,会与一些非洲的重要人物发生互动,而其中一些人物要么是某个非洲国家历史上的重要人物,要么是一个地区乃至整个非洲历史上都可称重要的历史人物。

---

① Henry Barth, *Travels and Discoveries in North and Central Africa*, Volume IV, Longman, Brown, Green, Longmans & Roberts, 1858, pp. 406–430.

在西非,尼日尔河探险者克拉伯顿两次与索科托国家的第二任哈里发贝洛相见并有较长时间的相处。索科托国家是18世纪末19世纪初开始的西非圣战历史进程的重要产物,贝洛不光是索科托的哈里发,还是整个百非圣战历程高潮和转折时代的参与者。克拉伯顿细致地呈现了贝洛的外貌仪表、思想观念以及施政作战等方面的情况。克拉伯顿讲贝洛的外貌和仪态,讲他饶有兴致地与克拉伯顿交流欧洲和欧洲人信仰方面的事:贝洛问克拉伯顿什么是"清教徒",他对英国没有奴隶表示惊讶,同时对克拉伯顿口中所说的根据协议提供服务的仆人表示赞赏,如此等等。贝洛问如何与英国合作,克拉伯顿说希望他能废除奴隶贸易,贝洛对此不置可否。克拉伯顿描述了贝洛的宫廷、宫廷要人以及都城行政管理方面的情况,还描述了贝洛领导附庸酋长在战场作战的场面。①

在东非,斯皮克和斯坦利都与干达国王穆特萨(Mtesa)相会并交流。干达国家在大湖地区历史上占据重要地位,它是现代乌干达及相关邻国历史的重要组成部分,而穆特萨则是近代干达国家最重要的一位国王。斯皮克在干达宫廷得到隆重的接待,并受邀随国王狩猎、欣赏歌舞表演、旁观司法事务处理、检阅军队等。穆特萨还虚心地向斯皮克请教对外事务处理方面的问题。斯皮克进行了回答,但当时他是觉得,除了穆特萨外,干达王国的人们没有一个能思考干达王国之外的事情。②

斯坦利也得到穆特萨的接待。在斯坦利环湖之行时,穆特萨派遣使者登船相邀,说王母之前就已做梦梦见有一个白人在湖上航行,所以希望斯坦利务必前往。在使者的安排下,斯坦利先就地上岸接受了一名臣属小酋长的款待。穆特萨的使者命令小酋长呈上小牛、绵羊、山羊、牛奶、最好的香蕉等食

---

①　Dixon Denham, Hugh Clapperton and Walter Oudney, *Narrative of Travels and Discoveries in Northern and Central Africa, in the years 1822, 1823, 1824, Vol. II*, John Murray, 1826, pp. 294 - 298.

②　John Hanning Speke, *Journal of the Discovery of the Source of the Nile*, William Blackwood and Sons, 1863, p. 385.

物,表示绝不能让白人空着肚子进入干达的宫廷。① 后来,穆特萨也跟斯坦利进行了深入的交流,他对斯坦利说过这样一席话:"我总是告诉我的酋长们,白人什么都知道,在所有事情上都很熟练。有很多阿拉伯人和一些土耳其人访问过我,还来过4名白人,我观察和听他们谈话,觉得白人在智慧和友善方面要胜于其他人。为什么阿拉伯人和土耳其人来乌干达(Uganda,意指'干达人居住的土地')? 不就是为了象牙和奴隶吗? 为什么白人来? 他们来看这个湖,看我们的河和山。阿拉伯人带着布匹、珠子和铜丝来买象牙和奴隶,他们也会带来火药和枪支。但是,阿拉伯人拿来贸易的这些东西又是谁造的呢? 阿拉伯人自己说是白人造的,我还没有发现过他们带来的东西是白人不会造的。因此,我说,给我白人,因为如果你想要知识,你就得跟白人去交谈。"②

在南部非洲,一些传教士、商人等与茨瓦纳人的酋长如卡马三世(Khama III)、马塔贝莱国王姆齐利卡兹(Mzlikazi)和洛本古拉等来往较多,有的人还与这些酋长和国王有长期深厚的友谊。卡马三世是博茨瓦纳历史上最重要的酋长之一,更是博茨瓦纳开国总统的祖父和第四位总统的曾祖父。马塔贝莱王国则占据今津巴布韦的西南半壁江山,同时还能控制东北半部,该部是津巴布韦历史上的一个重要部分。姆齐利卡兹及其子洛本古拉既是津巴布韦历史上的重要人物,也是南部非洲历史上的重要人物。

传教士莫法特于1830年与尚在逃避祖鲁人追杀的姆齐利卡兹相识,并在1835年、1854年、1857年和1859年四度拜访访姆齐利卡兹,最终于1859年获准在马塔贝莱兰建立传教站。莫法特与姆齐利卡兹前后相交30余年,可以说是第一个比较全面地记录姆齐利卡兹的欧洲人,而后世关于姆齐利卡兹的历史也在很大程度上利用了莫法特的记录。在莫法特看来,姆齐利卡兹

---

① Henry M. Stanley, *Through the Dark Continent*, Vol. I, Harper & Brothers, 1878, pp. 184 - 185.

② Henry M. Stanley, *Through the Dark Continent*, Vol. I, Harper & Brothers, 1878, p. 321.

是个专制君主,但也是一个有能力有想法之人,对人也并不生硬,并且非常愿意学习新知识。姆齐利卡兹用土著人的方式控制和治理自己的国家,尽管有些生杀予夺的方式让莫法特不能接受,但他也在内心承认其必要性和价值。姆齐利卡兹问莫法特关于英国的政府、贸易和宗教等方面的问题,同时也质疑莫法特所说的让他抛弃战争、不杀人的合理性和可行性。[①]姆齐利卡兹对莫法特所代表和传授的一套东西有些模模糊糊的兴趣,但并不能完全理解,同时也不愿意完全接受。莫法特向姆齐利卡兹提出要止战止杀,但姆齐利卡兹倒是更希望英国人能帮他抵御祖鲁人的攻击,希望能从白人那里获得物资支持来壮大自己,他曾对莫法特说:"为我向你的上帝祈祷,保我免于丁刚〔Dingane,姆齐利卡兹原为祖鲁王恰卡(Shaka)部将,后因矛盾而叛离恰卡,因而一直受祖鲁军队追杀。丁刚为恰卡之弟,继恰卡为祖鲁王〕的攻击。"[②]

　　姆齐利卡兹逝世后,洛本古拉继位,他也是一个愿意与白人交好者,信任白人并且总是保护白人。在从19世纪60年代末到90年代中的20余年中,英国传教士、商人、猎人等络绎不绝地进入马塔贝莱王国及其控制区域,这些人在各自的记录中对洛本古拉进行了描述。塞卢斯在19岁时来到马塔贝莱兰,开始时被洛本古拉瞧不起,因为塞卢斯说要来猎象,而洛本古拉认为塞卢斯还是个孩子,只能猎羚羊。[③]那时,塞卢斯觉得洛本古拉也是个可亲的"野蛮人"。传教士威廉·艾略特于1877年进入马塔贝莱兰传教,他记录了其所搜集的关于洛本古拉出生、成长方面的资料。艾略特讲洛本古拉在即位后的最初几年曾学欧洲人的打扮,但后来逐渐回归穿马塔贝莱的传统服饰。艾略特也讲到洛本古拉的性格和待人接物的风范,称他是一个大度而有智慧

---

① Robert Moffat, *Missionary Labours and Scenes in Southern Africa*, Robert Carter, 1844, p. 363.

② Robert Moffat, *Missionary Labours and Scenes in Southern Africa*, Robert Carter, 1844, p. 366.

③ Frederick Courteney Selous, *A Hunter's Wanderings in Africa*, Macmillan and Co., Limited, 1907, pp. 36-37.

的人。

另一位传教士大卫·卡内基于 1882 年进入马塔贝莱王国,并在此从事传教工作长达 10 年,这差不多正是洛本古拉在位的最后 10 年。卡内基描绘了洛本古拉在举行仪式的场景,讨论了洛本古拉对传教士和外来宗教的态度以及对应措施等,他表示洛本古拉仍旧不能理解和接受所谓的和平生活。[①]

关于非洲历史上一些重要人物的知识,一部分是非洲人自身的口述资料,另一部分则是白人行居者的记录。相对而言,非洲人自身的口述资料主观夸大或者神化的成分比较多,比如一些国王或酋长的礼赞歌谣,会不切实际地描绘国王的英明勇武。白人行居者的记录则更鲜活、更全面,这些记录会比较实在地描绘那些酋长或国王的外表和举止,会呈现他们的话语和其包含的思想观念,无论是从客观性还是从稳定性来说,都要高于非洲人自身的口述资料。

五、关于重要历史进程或事件的资料

19 世纪上半叶,在非洲的重大历史进程或事件中,比较有代表性的是西非的伊斯兰圣战和南部非洲的姆法肯战争(Mfecane)。到了 19 世纪末 20 世纪初,殖民瓜分和征服成为非洲历史的重要主题,如征服阿散蒂的战争、进军马绍纳兰和征服马塔贝莱兰、平定马塔贝莱兰和马绍纳兰暴乱等——尽管非洲人可以以多种视角看待这一段历史,但他们总是不能避开这段历史。西非探险者如克拉伯顿亲见过西非伊斯兰圣战的一些场景,汤普森、莫法特、威廉·肖和利文斯顿或直接遭遇过姆法肯战争的一些战事和武装活动,或对祖鲁王国相关情况有近距离的观察和了解,相关殖民军人和官员则是一些瓜分

[①] Rev. David Carnegie, *Among the Matabele: For Ten Years Resident at Hope Fountain Twelve Miles from Bulawayo*, The Religious Tract Society,1894.

和征服行动的直接参与者,这些人无疑是相关历史进程或事件的最有发言权者,他们的记录无论客观程度如何,都是我们还原相关进程或事件不可不用的资料。

我们可以以姆法肯战争为例来呈现相关记录的价值。

18世纪末19世纪初,一场族群大流动和大混战在位于今南非东北部的纳塔尔(Natal)发端,这场运动先是席卷林波波河以南大部,后又扩及赞比西河中游两岸广大地区,直到19世纪中叶其余波还在大湖地区南部发生影响——这就是南部非洲历史上的姆法肯战争。姆法肯战争造成南部非洲广大范围内族群的流散、分化、重组,对南部非洲的政治经济发展具有深远的影响。从19世纪初到19世纪中叶,多位在南部非洲的英国人或耳闻战乱或亲见兵锋或与受战乱兵荒影响的人和族群发生接触,从不同角度记录了姆法肯战争这一南部非洲的重大历史进程。

汤普森于19世纪20年代在南非旅行,当时正是祖鲁王国四出征伐、林波波河以南族群大流动风起云涌之时。汤普森讲到了祖鲁王恰卡其人,他记录了几个拜访过恰卡的英国商人的叙述:恰卡愿意与英国人交好,以通过贸易获利;恰卡有亲兵15 000人,由他直接指挥,他们会毫不犹豫地服从恰卡的一切命令。汤普森称祖鲁王国的可作战人员高达10万,纪律严明,作战力强,一旦有作战失败,则会遭到非常严厉的处罚。汤普森称恰卡最初的目标可能只是劫掠,但逐渐演变成要开疆拓土,将其力所能及的一切地方都纳入自己的统治。汤普森认为,如果不是恰卡早死,则开普殖民地白人的地界都可能会受到严重的威胁。当时,祖鲁战争所造成的冲击性影响随处可见,南部非洲内陆的一些地区被扰乱和摧毁,那些受冲击者、被劫掠者,有的会去冲击和劫掠另外的族群,其中,茨瓦纳人和科萨人受创尤甚。[①] 汤普森估计,黑人因战争和饥馑而死亡的人数不下10万,难民不计其数,而逃入开普殖民地

---

① George Thompson, *Travels and Adventures in Southern Africa*, Vol. I, Henry Colburn, pp. 356 – 360.

的难民则有上千。①

汤普森专门讲述了祖鲁战争催生的逃亡流动武装曼塔提人(Mantatees)和菲卡尼人(Fitcani)的情况。东南非诸族群以牛为生,而祖鲁的劫掠战争所劫掠的主要是牛。在失牛的情况下,被劫掠者要么饿死,要么去劫掠其他人,曼塔提人和菲卡尼人就是两群不甘饿死而起而劫掠他人者,前者进入茨瓦纳人地区,后者则主要侵扰科萨人。由于科萨人身后是白人地界,所以菲卡尼人的冲击显得弱些;曼塔提人所面对的则主要是弱于他们的茨瓦纳人,所以曼塔提人的声威显得特别浩大。

根据汤普森的调查和收集的信息,曼塔提人本来居住在与祖鲁人相邻的地区,在祖鲁的冲击下流散,成为难民,然后又很快从被劫掠者转变为劫掠者。曼塔提人带着妻儿,边逃边攻击其他更弱小的族群,尤其让茨瓦纳人谈之色变。但是,汤普森指出曼塔提人其实也是一群可怜的人,尤其是妇女和年老者,他们总是在饥馑中。而且,曼塔提人虽然冲击力不弱,但绝不像祖鲁人那样强,所以他们有时也会遭遇比他们强的族群或者能给他们制造麻烦的人。汤普森就讲了曼塔提人遭遇的几场硬仗或挫折,特别是与混血族群格里夸人和白人遭遇时,他们基本讨不到好处,于是他们就只能冲进茨瓦纳人的地界。②

冲入茨瓦纳人地界的曼塔提人与时在当地传教的莫法特等遭遇,莫法特在其《南部非洲传教与见闻录》中记录了相关情况。莫法特等人先是听说有一支劫掠武装正在靠近,这群人像蝗虫一样,所到之处,摧毁一切。莫法特等人知道恰卡和祖鲁人的战争正在进行,他们一开始以为是土著讹传了远方的消息,但很快确认是真的有一支劫掠武装过来了,就是传说中的曼塔提人。

---

① George Thompson, *Travels and Adventures in Southern Africa*, Vol. I, Henry Colburn, 1827, p. 383.

② George Thompson, *Travels and Adventures in Southern Africa*, Vol. I, Henry Colburn, 1827, pp. 361 - 371.

于是，莫法特一方面派人往格里夸人的地方求援，另一方面与茨瓦纳人诸族群的酋长等要人商量对策——是准备抵抗还是逃。最终，茨瓦纳人决定抵抗。有人对那些怯懦者说：不要做那种晃荡着等杀牛时吃牛内脏的人，因为如果牛没了，又从哪里弄牛内脏来吃呢？但是，莫法特和茨瓦纳人都还是免不了要担心，莫法特还把一些大件的东西埋了起来。后来，格里夸人来到，莫法特就跟他们一起去侦察，并很快与曼塔提人探路者遭遇。此后，格里夸人与曼塔提人交战，茨瓦纳人也加入战团。最终，"格里夸人的雷与电"（指格里夸人的枪弹射击）击退了曼塔提人。莫法特亲历战事，他记录了交战的现场情况、各方的武器和组织、曼塔提人的凶暴和茨瓦纳人在取胜后的杀戮，缩微地呈现了姆法肯战争的混乱与残酷。[①]

后来，一群比曼塔提人更凶悍的人出现了，那就是姆齐利卡兹率领的恩德贝莱人。他们也是一群劫掠者，但他们同时也是正牌的祖鲁军队，所以既有组织，也有战术，除了祖鲁人、白人和格里夸人能与之匹敌外，其他族群基本无法抵挡他们的冲击。茨瓦纳人虽然逃过了曼塔提人，但却逃不过恩德贝莱人。虽然恩德贝莱人一次又一次劫掠茨瓦纳人，却并没有去冲击在茨瓦纳人间的传教站，而姆齐利卡兹还主动与莫法特结交，由此开启了两人长达数十年的友谊。

除了曼塔提人、恩德贝莱人之外，莫法特还记录了他在茨瓦纳人和格里夸人地界所遭遇的其他小规模袭击，进一步充实了关于姆法肯战争的细节性知识，对于认识和理解姆法肯战争大背景下的局部战争以及战争导致的族群流徙和分化重组具有重要意义。特别是关于曼塔提人被击败后逃散流落的记录，鲜活地呈现了大范围战争造成难民的景象。

威廉·肖也是姆法肯战争的近距离观察者和感受者之一，他当时在科萨人中传教，听闻了很多关于恰卡和祖鲁的信息，还与因战争影响而进入科萨

---

① Robert Moffat, *Missionary Labours and Scenes in Southern Africa*, Robert Carter, 1844, pp. 230-251.

人地界的难民有实际的接触。威廉·肖很到位地指出了恰卡及其祖鲁军队强大的原因,他说恰卡这个独裁者将他的战士以最有效的方式组织起来,再以最野蛮、最血腥的纪律进行约束,使他们成为一支横扫一切的力量;成建制的祖鲁武士带着投枪、矛、战斧和圆头棒作战,没有哪一个族群能抵挡祖鲁的进攻,有时一支祖鲁小分队的靠近就能让一大片地区的人如鸟兽散。① 威廉·肖说祖鲁王国的领域已非常广大,它由西向东从德拉果阿湾(Delagoa Bay)到格里夸人的国度,由北向南从茨瓦纳人的地界到科萨人的边区。② 威廉肖说,在祖鲁战争的冲击下,大量的人因战乱饥荒而死,还有一些族群四处逃窜,或攻击别人,或被别人攻击。一批人冲入格里夸人和茨瓦纳人的地界,还有一些人则往南进犯科萨人的酋邦。③

对于进入科萨人地区的难民,威廉·肖因为有实际接触,所对相关情况比较了解。他们主要分成两部分,一部分是在较早时期小规模分批进入者,他们大都没有什么冲击力,往往在困窘的状态下成为科萨人的奴佣,这部分人被称作"芬果人"(Fingo)。但到了后来,难民的冲击力越来越强,科萨人不得不请求开普殖民地的白人力量援助。经过调查和协商后,白人也意识到形势的严峻性,因此派出武装力量与科萨人协同,前出作战,击退了意欲强行闯入的难民——而这批更像侵略者的人则被称作"菲卡尼人"(Fitcani)。④ 威廉·肖曾从科萨人手中购得一名芬果人充作仆人,由于威廉·肖给这名芬果人付工资,以至于后来又有更多的芬果人以及一些菲卡尼人希望来威廉·肖的传教站做工。就这样,一些难民开始在传教站周边定居。威廉·肖跟这些

① William Shaw, *The Story of My Mission in South-Eastern Africa*, Hamilton, Adams, and Co., 1860, pp. 520 - 521.

② William Shaw, *The Story of My Mission in South-Eastern Africa*, Hamilton, Adams, and Co., 1860, p. 521.

③ William Shaw, *The Story of My Mission in South-Eastern Africa*, Hamilton, Adams, and Co., 1860, pp. 521 - 522.

④ William Shaw, *The Story of My Mission in South-Eastern Africa*, Hamilton, Adams, and Co., 1860, pp. 523 - 525.

难民打交道,发现他们的语言跟科萨人有相似之处,但已有差异。经过多方询问,威廉肖认定这些难民应该是来自很遥远的地方,因为芬果人和菲卡尼人说他们是经过数年的颠沛流离才来到他这里;他们还说自己的衣服是旧的,鞋子是旧的,而让这些东西变旧的是"非常漫长的旅程"。①

恰卡之崛起,祖鲁战争之扩散,是建立在击败恩戈尼人(Ngoni)基础之上的。恩戈尼人败于恰卡之手后,一路北逃,历数十年,最终在大湖地区南部落脚——这是姆法肯战争的又一个侧面。在汤普森记录祖鲁和曼塔提人、莫法特见证格里夸人和茨瓦纳人迭遭冲击以及与恩德贝莱人结交、威廉·肖记录闯入科萨人地界的芬果人和菲卡尼人之后多年,在赞比西河流域探险的利文斯顿又见识了一路北上而来的恩戈尼人的武力。

利文斯顿在1861年进入马拉维湖地区时,发现这里的良好土地都被一个被当地人称作"兹特人"(Mazite 或 Mazitu)的强悍族群占据,他们就是"很多年前从南方来的"恩戈尼人——利文斯顿直接称他们为"祖鲁人"。他们拥有大群的牛,还在不断地通过吞并其他的族群而壮大。② 这些兹特人曾在赞比西河一带强迫葡萄牙人每年纳贡,而今他们又进一步北上来到马拉维湖区。兹特人所过之处,要么摧毁村庄,要么迫使一些族群筑垒自保。当时,马拉维湖北部一片荒凉和恐慌,对任何陌生人都会防范或者抱有敌意。在这一带,利文斯顿能看到被烧毁的村庄,能看到死于兹特人矛下的尸体,能看到被遗弃的田地。而利文斯顿本人也曾与兹特人正面相遇,当他们看到利文斯顿是白人后选择退却。也有人与兹特人对抗,但主要只是防御,不敢进攻。一

---

① William Shaw, *The Story of My Mission in South-Eastern Africa*, Hamilton, Adams, and Co., 1860, pp. 525 – 527.

② David and Charles Livingstone, *Narrative of An Expedition to the Zambezi and Its Tributaries; and of the Discovery of the Lakes Shirwa and Nyassa*, Harper & Brothers, Publishers, 1866, p. 393. 祖鲁崛起之后,一些恩戈尼人族群或曾隶属祖鲁人的族群也会被一些人笼统地称作"祖鲁人"。利文斯顿在赞比西河遇到的祖鲁人是多年前被击败北逃的一支恩戈尼人,而曾为祖鲁三恰卡部下的姆齐利卡兹领导的恩德贝莱人也有时会被称作祖鲁人。

位名叫钦桑巴(Chinsamba)的酋长依靠防御堡垒击退了兹特人,但这些兹特人仍然掠走了一些妇女和粮食,并且在退走时扬言:"把堡垒里的粮食照看好,我们过段时间再回来拿。"①曾有黑人对利文斯顿说:"当我们种玉米时,野兽(指兹特人)就过来抢走;当我们种木薯时,他们也是一样过来抢走。那我们要怎么活呢?"②当时,如要击退兹特人,必须火力武装,这就涉及请雇佣军,能做雇佣军的有时是从事长途贸易的比萨人,有时则是阿拉伯人,有些非洲人为了逃过兹特人的抢掠,甚至自卖于阿拉伯人奴隶贩子而求庇护。③

汤普森、莫法特、威廉·肖以及利文斯顿四人的记录比较全面地呈现了姆法肯战争的基本轮廓。此外,还有人曾在较早的年代进入过祖鲁的王庭,并与恰卡相会,相关记录由汤普森整理后附在自己的书中。④再就是后来一些在恩德贝莱人中活动的传教士和猎商,他们通过对恩德贝莱人——可以算作是祖鲁人一支——的观察和记录,比较真切地呈现了姆法肯战争的主要推动者的经济、政治、社会文化等方方面面。

姆法肯战争的历史在很大程度上需要立足于上述记录来书写,而实际上,这场大运动的早期部分除了像汤普森、莫法特等人的记录外,还真找不出其他比较充实可靠的资料。

---

① David and Charles Livingstone, *Narrative of An Expedition to the Zambezi and Its Tributaries; and of the Discovery of the Lakes Shirwa and Nyassa*, Harper & Brothers, Publishers, 1866, pp. 525 - 526.

② David and Charles Livingstone, *Narrative of An Expedition to the Zambezi and Its Tributaries; and of the Discovery of the Lakes Shirwa and Nyassa*, Harper & Brothers, Publishers, 1866, p. 530.

③ David and Charles Livingstone, *Narrative of An Expedition to the Zambezi and Its Tributaries; and of the Discovery of the Lakes Shirwa and Nyassa*, Harper & Brothers, Publishers, 1866, p. 535.

④ George Thompson, *Travels and Adventures in Southern Africa*, Vol. II, Henry Colburn, 1827, pp. 405 - 418.

六、关于特定地区的资料

对于进入非洲特别是非洲内陆的旅行者来说,有些地方是通常选择的出发点,有些地方是必经之路。在西非,塞内冈比亚或者尼日尔河出海口三角洲的某个港口会是登陆点,然后向东进入尼日尔河中部三角洲或者河曲地带;在东非,桑给巴尔是被提及最多的出发点,而内陆的中转站如塔波拉[Tabora,19 世纪时一般称"卡则"(Kazeh)]则总是必到或必经之地;在南部非洲,19 世纪早期,开普敦是当然的登陆点,后来又有伊丽莎白港(Fort Elizabeth);而在向北往内陆行进的过程中,茨瓦纳人的土地——19 世纪末,被一些殖民政治家称作"南部非洲内陆的苏伊士运河"——就是必到或必经之地。

一代又一代、一个又一个的探险家、传教士、商人、殖民军人和官员等走过这些特定的地点或地区,从而积累下关于他们的丰富记录,其中一些记录是了解与这些地点或者地区密切相关的国家历史的重要基础。

在沿海的登陆点,旅行者——无论是探险家还是传教士或者其他人士,如要去往内陆,一般就需要在港口作一段时间的逗留,以采购物资、置办马匹或牛车、招募必要的随行或工作人员等。在这段逗留和准备时间里,这些人会在相应的港口城市——比如塞内冈比亚、开普敦、桑给巴尔等——走一走,看一看,同时他们还会与这里的各色人等实实在在地打交道,然后在他们的记录中就会呈现相关内容,如港口城市的布局和市容市貌、居民的生产和生活、港口城市呈现的与内陆和与外部世界的联系等。而随着脚步走向内陆,旅行者们就会记录沿途的风土人情,他们会在一些较大的城镇、村庄或者传教站停留并记录在这里的所见所闻,记录在这里的居民的衣食住行和风俗礼仪等。到了内陆的某个目的地后,这些人可能待一段时间就走,也可能会长期居留,比如传教士,那么他们就能更好地观察所在地区的人、事、物了。

就沿海的重要地区来说，桑给巴尔是最具代表性的旅行者常至之地之一。斯皮克、伯顿、格兰特、利文斯顿、斯坦利、约瑟夫·汤姆森等都从这里进入湖区，并且在这里与上至桑给巴尔素丹下至斯瓦希里搬伕的各种人打交道，他们都留下了关于桑给巴尔的记录。其中，伯顿更是专门著有两卷本的《桑给巴尔：城市、岛屿与海岸》。在第一卷中，伯顿对桑给巴尔的方方面面进行了介绍和分析，包括：桑给巴尔的地理位置、地形、气候、动物、植物和经济产业，桑给巴尔时任素丹及政府的情况，桑给巴尔的历史发展进程，桑给巴尔的阿拉伯人、斯瓦希里人、外国人、奴隶等各族群情况。① 在第二卷中，伯顿记录了受桑给巴尔控制或与桑给巴尔密切联系的东非沿海和内陆地区的情况，包括蒙巴萨（Mombasa）、潘加尼（Pangani）、基尔瓦（Kilwa）等东非沿海重镇以及内陆一些地方的情况。此外，伯顿还在附在第二卷后面的附录内容中汇总了桑给巴尔的气象、商务、关税等方面的数据，并附上了早前一位在东非沿海做航行的旅行者的记录——伯顿称这一记录能使人对桑给巴尔所在的整个大陆海岸地区的情况有一个总体的把握。②

就内陆的重要地区来说，南部非洲茨瓦纳人居住地可谓比较有代表性，因为这里是由南非进入中南部非洲内陆腹地的孔道。从 18 世纪末 19 世纪初开始，白人在南部非洲的势力逐渐越过奥兰治河，开始与茨瓦纳人发生频繁的接触，而白人的定居点、传教站等开始与茨瓦纳人居住点呈犬牙交错的态势。此后，白人的边界又延伸到林波波河，最后到达赞比西河——这里已是当时南部非洲白人所理解的真正腹地了。从开普到赞比西，必经一条濒卡拉哈里的狭长地带。在这条狭长地带上，有茨瓦纳人的主要族群，现代博茨瓦纳国家就是以这些族群为基础融合而形成的。从 18 世纪末到 19 世纪末，探险家、旅行者、传教士、猎人、商人、寻金探矿者、殖民军人和官员等不断地从这条狭长地带走过，留下了丰富的记录，从自然风貌到社会风俗，从大酋邦

---

① Richard Burton, *Zanzibar: City*, *Island and Coast*, *Vol. I*, Tinsley Brothers, 1872.
② Richard Burton, *Zanzibar: City*, *Island and Coast*, *Vol. II*, Tinsley Brothers, 1872.

到被压迫的小族群,从经济到政治,从巫术到宗教,如此等等。博茨瓦纳前殖民时期历史的种种,都是基于上述行者的记录。

博茨瓦纳历史学家巴里·莫顿(Barry Morton)编有一本与前殖民时代博茨瓦纳相关的参考书目和文献指引,他首先列出来的资料就是 19 世纪各种行居者的记录。他把这些记录分成三个阶段,第一个阶段是 1839 年前,记录主要来自一些旅行者、商务和宗教事务考察者和传教士,它们主要还是讲开普殖民地、纳马夸兰等,但会涉及茨瓦纳人,只不过信息还不算丰富,主要是些感性的描述,既不深刻,有时还因为深入互动不够而有些偏误。尽管如此,对于无文字的茨瓦纳人来说,这些记录也还是非常宝贵。第二个阶段是 1840—1874 年,关于博茨瓦纳的记录剧增,传教士、猎人、商人、旅行者等贡献了日记、信件、游记、书籍等各种记录。而除了涉及狭长地带外,以往人迹罕至的卡拉哈里也开始有人涉足,在东北偏远地方的恩加米湖也得到瞻顾。到这时,现代博茨瓦纳所包含的整个地界都已经呈现出来,而一些与博茨瓦纳殖民时代历史密切相关的重要人物这时也已登场,行居者们的记录也开始不同程度地述及他们。第三个阶段是 1875—1885 年,这个时候白人行居者们的目光其实已投向更北的涉及今津巴布韦和赞比亚的地区,茨瓦纳人的地区成了一个必经的中途站,更多的行记、专业考察记录等开始呈现出来。[①]可以说,博茨瓦纳历史中的 19 世纪,主要就是靠上述这些行居记录来呈现。在书目和资源指引的简短注释中,巴里·莫顿说,利齐腾斯坦的书"是茨瓦纳研究者的必读物"、[②]查普曼(Jame Chapman)提供的"茨瓦纳人国家建构方面的细节资料最为丰富"、[③]利文斯顿"记录了他与一个非洲人的最为著名的一

---

① Barry Morton, Pre-Colonial Botswana: An Annotated Bibliography and Guide to the Sources, Botswana Society, 1994.

② Barry Morton, Pre-Colonial Botswana: An Annotated Bibliography and Guide to the Sources, Botswana Society, 1994, p. 6.

③ Barry Morton, Pre-Colonial Botswana: An Annotated Bibliography and Guide to the Sources, Botswana Society, 1994, p. 12.

场对话"①[指利文斯顿与奎纳人（Bakwena）酋长塞切莱一世（Scechele I）关于宗教问题的对话]、布拉德肖（B. F. Bradshaw）的一份记录是"关于 1885年前苏比亚人（Basubia）情况的唯一一份细节性材料"。②另有如莫法特，他在茨瓦纳人中传教多年，相关记录可以说最为深入和丰富。从以上这些表述可以看出，19 世纪的行者记录对于书写博茨瓦纳历史具有何等重要的意义。

七、图像资料

值得一提的是，相当一部分行居记录都包含了作者手绘的图像资料。在没有摄像设备的年代，旅行者们往往需要有一定的手绘技艺，这样才能记录异域所见。其中，探险者、旅行家、自然博物学者们在这方面的技艺往往非常高超，他们能将所见的人、物和场景比较完整、真实地呈现出来。这些图像资料涉及非洲相关地区的自然风貌、野生动植物、城镇或乡村面貌、居民生产和生活、人群互动场景、重要人物肖像等。

在汤普森的记录中，有对动物的描绘，有对白人居民房屋和农场的描绘，有对非洲人传统武器和生活用品的描绘，还有对不同身份不同打扮的霍屯督人、茨瓦纳人等肖像的描绘。在传统武器图中，汤普森把非洲人常用的多种形式的矛、刀、箭、箭袋、圆头棒等全部画了出来；③在传统生活用品图中，汤普森把非洲人日常生活常用的身体装饰品、鼓、木琴等画了出来。④而一些

---

① Barry Morton, Pre-Colonial Botswana: An Annotated Bibliography and Guide to the Sources, Botswana Society, 1994, p. 18.

② Barry Morton, Pre-Colonial Botswana: An Annotated Bibliography and Guide to the Sources, Botswana Society, 1994, p. 25.

③ George Thompson, *Travels and Adventures in Southern Africa*, Vol. I, Henry Colburn, 1827, 306 和 307 页间插图。

④ George Thompson, *Travels and Adventures in Southern Africa*, Vol. I, Henry Colburn, 1827, 338 和 339 页间插图。

人物肖像则能较好地呈现当时南部非洲内陆族群的面貌,比如披着皮毯带着枪的霍屯督老牧人、戴着皮帽、项链拿着矛的茨瓦纳人酋长、茨瓦纳人的男性武士和女性跳舞装扮者等。[①]

利文斯顿的绘画水平也很高,他描绘过卡拉哈里妇女用鸵鸟蛋壳容器取水、茨瓦纳人酋长举行议事集会,[②]描绘过在莫桑比克的兰丁人(Landeen,与祖鲁人关联较多,常被直接认作祖鲁人)的战舞、赞比西中下游河谷地区居民的村庄音乐活动、莫桑比克内陆军阀家庭的婚礼、鲁伍玛河畔渔民用多种渔具捕鱼等。[③] 特别是关于东南非内陆和东非内陆的奴隶贸易状况的描绘,可以说颇为写实,能呈现利文斯顿刻意要呈现的奴隶贸易的罪恶,比如蒙巴韦人用树杈枷连奴隶行进、阿拉伯奴隶贩子当着其他奴隶的面用斧子砍死逃跑未遂者、鬣狗窥伺下的被弃置路边等死的奴隶等。[④]

尼罗河探源者斯皮克的记录中有多种人物的肖像,包括桑给巴尔素丹以及多种打扮的混血人和非洲人;此外还有多幅描绘东非内陆人群村庄和日常生活场景的图,包括干达人武士的全副衣装和武器图、尼扬姆维齐人的生产工具和生活用品图、尼扬姆维齐人打谷舂谷图、干达人饰品图、干达国王和王后晋见图等。[⑤]

---

① George Thompson, *Travels and Adventures in Southern Africa*, Vol. I, Henry Colburn, 1827, 52 和 53 页间插图、182 和 183 页间插图、190 和 191 页间插图。

② David Livingstone, *Missionary Travels and Researches in South Africa*, John Murray, 1857, 250 和 51 页间插图、90 和 291 页间插图。

③ David and Charles Livingstone, *Narrative of An Expedition to the Zambezi and Its Tributaries and of the Discovery of the Lakes Shirwa and Nyassa*, Harper & Brothers, Publishers, 1866, p. 41, p. 72, p. 98, p. 152, p. 160, p. 463.

④ David and Charles Livingstone, *Narrative of An Expedition to the Zambezi and Its Tributaries and of the Discovery of the Lakes Shirwa and Nyassa*, Harper & Brothers, Publishers, 1866, p. 376; Horace Waller, *The Last Journal of David Livingstone in Central Africa: From 1865 to His Death*, Vol. I, John Murray, 1874, 56 和 57 页间插图、62 和 63 页间插图。

⑤ John Hanning Speke, *Journal of the Discovery of the Source of the Nile*, William Blackwood and Sons, 1863, 86 和 87 页两幅插图、114 和 115 页间插图、252 和 253 页间插图、420 和 421 页间、424 和 425 页间插图。

　　记者出身的斯坦利也是一位具有较高绘画水平的旅行者,他的《穿越黑暗大陆》一书包含多幅图画,包含关于桑给巴尔的建筑、港口、人物图,东非内陆村庄景象和居民图;干达王国宫廷和国王肖像,大湖地区居民的生产生活和器物图,斯坦利本人率领的探险队在内陆和湖上活动情况图等。斯坦利绘制了多幅东非海岸的建筑图,同时又有多幅东非内陆村庄建筑形制图,两相对比,实际上也是在作两种文明的对比。①

　　19世纪末期,摄像设备开始在非洲出现,一些人的记录从那个开始出现黑白照片。在恩德贝莱人中传教的威廉·艾略特的记录中保存了丰富的照片,包括马塔贝莱兰自然风光、岩画、大津巴布韦遗址、石建废墟、恩德贝莱人村庄、传教士房屋和教堂,还有恩德贝莱人生产、生活和娱乐的场景以及国王、王子、巫医、普通民众等多种恩德贝莱人的照片等。②

　　图像资料能比较形象地呈现当时当地的面貌和场景,辅以文字的介绍和后世人类学的调研成果,这些图像资料也能发挥较好的史料性作用。

---

① 　Henry M. Stanley, *Through the Dark Continent*, Harper & Brothers, 1878.

② 　W. A. Elliott, *Gold from the Quartz*, London Missionary Society, 1910.

第四章
19 世纪英国人非洲行居记录资料的利用

    19 世纪英国人非洲行居记录数量大、种类多，涉及的内容丰富而多样，它们构成一个重要而珍贵的资料库。非洲史研究者可以从这一资料库中撷取所需，用作论说辅证；更重要的还在于，对于长期未有文字的广大非洲地区来说，这些资料能够自成体系，用以说明一个问题或者讲清一段历史。但仍需要注意的是，应尽可能地发掘利用其他资料，将其与 19 世纪英国人行居记录资料结合起来使用。

一、按题索据

    对于研究 20 世纪之前非洲历史的学者来说，19 世纪英国人行居记录是一个重要乃至不可或缺的资料源。如要还原 19 世纪乃至之前非洲广大无文字地区的一些实在性的东西，最基本的当然是要有据可查，而要"有据可查"，那就要么是当时有人到过、见过并记录下来，要么是依靠后来的考古——对于非洲来说，显然前者能提供的选择更多一些。19世纪英国人行居记录能提供的资料，有时是大段乃至长篇的叙述，有时则只是只言片语，但对于以不同主题或视角切入的研究者来说，长短皆有其价值。

理查德·格雷（Richard Gray）和大卫·伯明翰姆（David Birmingham）主编的《前殖民时代非洲的贸易》论文集关注20世纪前中部和东部非洲的贸易状况，对中部和东部非洲广大地区的贸易商品、贸易人群、贸易模式、贸易影响等进行了较为全面的介绍和分析。① 书中有多篇论文不同程度地利用了欧洲人在非洲的旅行记录资料，如《尼扬姆维齐人的贸易》较多地使用了伯顿的《中部非洲的湖区》中的资料。② 《康巴人和北姆里马海岸》对康巴人（Kamba）及其贸易活动的描述几乎完全依赖克拉普夫的《在东非的十八年：旅行、研究与传教》。③ 《大湖地区北部》所关注的地区与赤道、尼罗河相关联，从19世纪五六十年代往后持续地有欧洲人进入这一地区。既有如斯皮克、伯顿、格兰特这样的尼罗河探源者，也有如阿明帕夏、斯坦利这样的身份复杂的传奇人物，还有如威廉·杨克这样的探险家和民族志学者，这些人所提供的资料相当丰富，《大湖地区北部》一文就在不同的地方有选择地使用了这些人的旅行记录中的资料。④ 《19世纪柯克韦人的贸易与征服》《卡曾伯与坦噶尼喀-尼亚萨走廊：1800—1890年》以及《18世纪赞比亚地区居民与宗

---

① Richard Gray and David Birmingham（ed.），*Pre-Colonial African Trade: Essays on Trade in Central and Eastern Africa before 1900*，Oxford University Press，1970.

② Andrew Roberts，Nyamwezi Trade，in Richard Gray and David Birmingham（ed.），*Pre-Colonial African Trade: Essays on Trade in Central and Eastern Africa before 1900*，Oxford University Press，1970.

③ John Lamphear，The Kamba and the Northern Mrima Coast，in Richard Gray and David Birmingham（ed.），*Pre-Colonial African Trade: Essays on Trade in Central and Eastern Africa before 1900*，Oxford University Press，1970.

④ John Tosh，The Northern Interlacustrine Region，in Richard Gray and David Birmingham（ed.），*Pre-Colonial African Trade: Essays on Trade in Central and Eastern Africa before 1900*，Oxford University Press，1970.

博的贸易》诸文所指地方多为利文斯顿旅行所到之处,还有一些地方则为利文斯顿在行程中所闻,因而这几篇文章都不同程度地使用了利文斯顿的记录。①

以《尼扬姆维齐人的贸易》一文为例,著者讲述尼扬姆维齐人的铁冶炼与铁产品贸易,根据伯顿的记录称坦桑尼亚西部地区多铁矿石露头——说明有自然条件,又根据伯顿、斯皮克和格兰特的记录知道在哪些地方有铁工作坊和哪些种类的铁制品——说明有生产技术,而伯顿的记录则还说只是在特定的村庄才有铁工作坊,其他村庄仍是以农耕和牧牛为主——说明有差异化存在,从而使贸易成为可能。②而在讲到盐产品的生产与贸易时,著者利用了伯顿、弗尔尼·卡梅隆的记录,首先确认存在一些盐碱洼地,然后说明采盐生产模式等。③

约翰·奥默-库珀(John Omer-Cooper)著《祖鲁之后:19世纪班图非洲的一场革命》,④在其所列的近200份出版参考文献中,有近三分之一是来自19世纪在中南部非洲旅行、活动的人士的记录,包括纳撒尼尔·伊萨克斯(Nathaniel Isaacs)、安德鲁·斯蒂德曼(Andrew Steedman)、安德鲁·史密

---

① Joseph C. Miller, Cokwe Trade and Conquest in the Nineteenth Century; Christopher St. John, Kzembe and the Tanganyika-Nyasa Corridor, 1800 - 1890; Nicola Sutherland-Harris, Zambian Trade with Zumbo in the Eighteenth Century, all in Richard Gray and David Birmingham (ed.), *Pre-Colonial African Trade: Essays on Trade in Central and Eastern Africa before 1900*, Oxford University Press, 1970.

② Andrew Roberts, Nyamwezi Trade, in Richard Gray and David Birmingham (ed.), *Pre-Colonial African Trade: Essays on Trade in Central and Eastern Africa before 1900*, Oxford University Press, 1970, pp. 44 - 45.

③ Andrew Roberts, Nyamwezi Trade, in Richard Gray and David Birmingham (ed.), *Pre-Colonial African Trade: Essays on Trade in Central and Eastern Africa before 1900*, Oxford University Press, 1970, pp. 46 - 47.

④ John Omer-Cooper, The Zulu Aftermath: A Nineteenth-Century Revolution in Bantu Africa, Longmans, Green and Co. Ltd., 1966.

斯(Andrew Smith)①和汤普森等旅行探险家的记录,还有莫法特、威廉·肖、利文斯顿、约翰·马肯兹和艾伦·加迪纳(Allen Francis Gardiner)②等传教士的记录,再有如亨利·费恩(Henry Francis Fynn)③之类商人的记录等。就一些研究对象来说,奥默-库珀所能依赖的只有当时亲历亲见者的资料。像祖鲁王国崛起之前的丁吉斯瓦约(Dingiswayo)和祖鲁二王——恰卡和丁刚——这三位与祖鲁战争相关的重要历史人物,他们外貌和性格如何、有什么治国理政和行军打仗的策略与方法等之类的资料,基本就只能从亨利·费恩、纳撒尼尔·伊萨克斯、安德鲁·史密斯等人的记录中去寻找;而像祖鲁战争造成大范围冲击以及南部非洲区域性连锁影响这样的问题,则前章已述,要去汤普森、莫法特、威廉·肖、利文斯顿等人的记录中去寻找资料,比如讲难民芬果人的出现和造成冲击,奥默-库珀就会使用当时在科萨人中传教的威廉·肖等人的记录资料,因为他们当时是这些难民的直接面对者和记录者。

19世纪英国人非洲行居记录资料对所谓"新史学"的诸种研究尤有裨

---

① 纳撒尼尔·伊萨克斯在纳塔尔地区旅行并访问祖鲁王庭,他著有《在东部非洲的旅行与冒险:祖鲁人与纳塔尔》(Nathaniel Issacs, *Travel and Adventures in Eastern Africa: Descriptive of the Zoolus, Their Manners, Customs, etc., with a Sketch of Natal*, Edward Churton, 1836);安德鲁·斯蒂德曼在南部非洲内陆旅行,他主要关注自然环境等方面的问题,著有《在南部非洲内陆的漫游与冒险》(Andrew Steedman, *Wanderings and Adventures in the Interior of Southern Africa*, Longman & Co., 1835.);安德鲁·史密斯是一名医生,他也主要关注自然科学方面的问题,后世有整理其留下的日记 h 和相关文书,编成《安德鲁·史密斯日记》[Andrew Smith (author), Percival Robson Kirby (ed.), *The Diary of Dr. Andrew Smith*, Van Riebeeck Society, 1939]和《安德鲁·史密斯与纳塔尔》[Andrew Smith (author), Percival Robson Kirby (ed.), *Andrew Smith and Natal: Documents relating to the Early History of that Province*, Van Riebeeck Society, 1950]。

② 艾伦·加迪纳初为海军军官,后投身传教事业,曾于1834至1838年间在祖鲁人地区传教,相关经历载入《祖鲁旅行记》一书(Allen Francis Gardiner, *Narrative of A Journey to Zoolu Country in South Africa*, William Crofts, 1836)。

③ 亨利·费恩是首批在纳塔尔定居的移民中的一员,他与祖鲁王恰卡成为朋友并从恰卡那里获得一块土地定居、经商,后世有整理其1824至1836年间与祖鲁接触的相关日记[Henry Francis Fynn (author), James Stuart and D. Mck. Malcolm (eds), *The Diary of Henry Francis Fynn*, Shuter and Shooter, 1950]。

益,因为行居记录资料往往描述非洲的自然风貌和风土人情,有的直观,有的细腻,能为诸如社会生活史、医疗史、环境史等提供资料支撑。

斯约尔德·李普马(Sjoerd Rijpma)著《大卫·利文斯顿与非洲的贫困和疾病》,他从社会生活史和医疗史的角度切入,以利文斯顿的三部旅行记录——《在南部非洲的传教、旅行与研究》《赞比西河及其支流探查记》和《在中部非洲的最后记录》——为基础资料展开研究。非洲之外的读者和研究者常常持这样的看法:前殖民时代的非洲贫穷、落后,饥饿常在,疾疫横行,由此常有争夺乃至战争——利文斯顿的记录呈现的似乎就是这种状态。但在专业医生和农业科学博士李普马看来,首先,除了卡拉哈里及周边地区之外,利文斯顿所到的大多数地方都不存在食物短缺和饥饿的问题,相反有些地方如赞比西河谷地带的食物供应还非常充足;其次,所谓疾疫横行,更多的可能是一种之于非洲人的"正常状态",其实对非洲人来说并不算严重,因为他们或能抵抗或有一定的应对之法,只是因为利文斯顿的记录和外界对非洲的固定思维造成了一种印象。而且,非洲的疾疫更多的是环境本身的问题,比如一些致病虫蝇的存在,这是一个非常难改变的长期性问题,它可以在一定程度上说明非洲的欠发展,但也必须承认,即便换成非洲之外的地方和非洲人之外的人群,也是要花非常大的力气才能获得改善。

李普马用更专业的医疗卫生工作者的记录去与利文斯顿的记录作比对,他认为,首先,利文斯顿虽然接受过医疗培训,但仍不能算作是一个专业的医生,因此他对"营养不良""身体发育""膳食平衡"以及某些疾病的致病机理等的判断并不完全正确;其次,利文斯顿实际上想说,非洲人需要基督教信仰,需要英国人主导的文明商业,需要英国人的统治,舍此三样,非洲人就只能在贫穷疾病的痛苦中徘徊——也就是说,利文斯顿并没有站在非洲和非洲人的视角去看现象,因而也就难以把握非洲发展和非洲人生活的真正本质。

通过对利文斯顿的记录进行条分缕析,李普马提出,前殖民时代中南部非洲居民的营养和健康状况并不差,并且还强于同时代部分欧洲工业国家的部分居民。这一研究为撒哈拉以南非洲医疗史研究提供了一个颠覆性的结论，推翻了一般读者和研究者惯持的殖民者到来之前非洲贫穷落后疾疫横行、殖民者到来之后非洲的文明和发展水平得到彻底改善的观点。①

威廉·贝纳特（William Beinart）主编的《南非环境保护的兴起：移民、牲畜与环境，1770—1950 年》主要论述南非畜牧区的环境变化和政府的观念演进和应对变迁，书中各文关注南非环境知识的积累、南非政府和民间对环境问题的认识、争论、应对以及野火、植被变化、相关野生动物的存在及其对牲畜的影响、牲畜疾病等问题。② 在书后的参考文献说明中，编著者明确指出了对 18、19 世纪旅行者记录文献的利用，除了像安德鲁斯·斯巴尔曼（Andrews Spaarman）③这样的 19 世纪前进入南非的旅行探险家的记录外，还有 19 世纪进入的如利齐腾斯坦、巴罗、布切尔、托马斯·普林格尔（Thomas Pringle）、④汤普森等人的记录，此外，还有一些 19 世纪在南非生活的白人移民的日记、回忆录资料等。

二、交集与连续

当同一个对象在不同的时期为不同的人所记录时，研究者就可以立足这

---

① Sjoerd Rijpma, *David Livingstone and the Myth of African Poverty and Disease: A Close Examination of his Writing on the Pre-Colonial Era*, Brill, 2015.

② William Beinart, *The Rise of Conservation in South Africa: Settlers, Livestock, and the Environment 1770 - 1950*, Oxford University Press, 2003.

③ 斯巴尔曼为瑞典自然博物学者，他于 18 世纪 70 年代在南非做探险旅行，是最早对南非做专业探险并留下有价值记录的旅行者之一。相关记录英语版为：Andrews Sparrman, *A Voyage to the Cape of Good Hope, towards the Antarctic Polar Circle and round the World, but Chiefly into the Country of the Hottentots and Caffres, from the year 1772 to 1776*, G. G. J. and J. Robinson, 1790.

④ 托马斯·普林格尔是位苏格兰诗人、作家，他于 1820 年前往南非，在南非多地旅行和居住，留下了丰富的关于南非自然风貌、风土人情的文学性作品。相关记录为：Thomas Pringle, *Narrative of A Residence in South Africa*, Edward Moxon, 1835.

些不同时期不同人的不同记录来围绕同一个对象寻找交集,最大限度地澄清这一对象的内容和实质;也可以在给定的时段内构建一个连续,尽可能地呈现这一对象的源流变迁。如前所述,从 19 世纪英国人的非洲行居记录中,我们可以找到关于特定族群、酋邦或王国、重要历史人物、重要历史进程或事件以及特定地区的多种资料。立足这些资料,我们可以交集式地描绘一个地区、一个族群、一个酋邦、一个王国、一个历史人物、一桩历史事件,也可以线性地呈现特定对象的发展变迁进程。

南部非洲在 19 世纪及其前后的百余年间被多种人士持续地以多种形式进行记录,最能本现我们这里所说的交集与连续。

白人自 17 世纪在开普立足后就不断北上深入南部非洲内陆。18 世纪末 19 世纪初英国接管开普殖民地后,白人北上的步伐加快,进入南部非洲内陆的白人越来越多,除了旅行家外,还出现了有组织有计划开展活动的传教士和被野生动物产品贸易利益吸引的商人和狩猎者,他们的足迹开始越过林波波河,进入赞比西河地区;19 世纪六七十年代后,探矿寻金者加入,紧随其后的是意在瓜分非洲的殖民者。在 19 世纪及其前后的百余年间,不同身份的人在不同的时期进入南部非洲,他们留下了各式各样的记录。

在 19 世纪之前,所谓的"南部非洲"仍只限于开普殖民地及其临近地区,奥兰治河是一条界线,林波波河还是非常遥远的所在。有意思的是,与 19 世纪的情况不同,19 世纪前进入南部非洲旅行探险并留下记录的有名人士都不是英国人,而是像安德鲁斯·斯巴尔曼这样的瑞典人和弗朗索瓦·勒·瓦朗特(François Le Vaillant)①这样的法国人。

英国接管开普殖民地后,英国政府安排了一些人去对殖民地做调研,另有一些人则出于自身的考虑而进入南部非洲。巴罗在英国接管开普殖民地

---

① 瓦朗特为法国自然博物学者,他于 18 世纪 80 年代在南非作探险旅行,其留下的相关记录英语版为:François Le Vaillant, *Travels into the Interior Parts of Africa*, *by the Way of the Cape of Good Hope*, *in the Years 1780*, *81*, *82*, *83*, *84 and 85*, G. G. J. and J. Robinson, 1790.

之初进入南部非洲,他受派了解并协调荷兰殖民者和土著人之间的关系,并对相关地区做调研。在 18 世纪、19 世纪之交的几年里,巴罗在开普殖民地及相邻地区作广泛的旅行。此后不久,教会也把目光投向南部非洲,约翰·坎贝尔受伦敦传教会委派于 1812 年 10 月来到开普,对开普殖民地的传教发展状况进行调研,并对传教事业进一步扩展的可行性进行评估。与此同时,也有一些人出于自身的目的而进入南非,其中,最为知名的是 1810 年抵达开普,并在随后的 5 年间在南非旅行探险的布切尔。1819 年,英国政府找到布切尔,向他询问可向南非何处输送英国移民。在布切尔的建议指导下,第二年英国就安排将首批英国移民送往东开普。

进入 20 年代后,英国人在南部非洲的活动日趋活跃。以莫法特为代表的一批传教士开始深入南部非洲腹地,实质性地打入了混血人群、霍屯督人、科萨人、茨瓦纳人乃至祖鲁人的地界。而以汤普森为代表的一批旅行家则在前人的基础上进一步深入内陆,并对相关地方和族群进行更专业、更细致的考察。而英国移民也开始在新土地上开拓、奋斗,移民的生产生活状况被保留在了一些旅行者的记录中,也保留在了一部分移民自己的日记和通信中。

从 30 年代到 60 年代,除了传教士持续进入并向北推进外,以象牙为主要目标的狩猎商人的活动变得日益突出,为了寻找大象等猎物,他们足迹所至的地方的广度远超当时的其他白人。传教士中,有仍活跃的莫法特,还有威廉·肖、利文斯顿等。而狩猎商人则主要是威廉·康瓦利斯·哈里斯、劳林·戈登·卡明、威廉·克顿·奥斯维尔、威廉·查尔斯·鲍德温。

从 70 年代开始,特别是在钻石和黄金发现之后,进入南部非洲的白人越来越多。传教士一如既往地在做工作,此时他们已进入赞比西河地区,在恩德贝莱人和洛兹人的土地上立足;而由于大象数量的减少和象群的北遁,狩猎商人群体开始逐渐萎缩,但仍有一部分人努力寻找大象,另一部分人则开始不拘泥于动物产品,寻求从事其他产品的贸易,或者探矿、求取土地租让权等。进入 80 年代后,白人扩张的势头更加猛烈,黑人已不再能有效制约白人的活动,而白人也已不再把目标简单地放在求取传教权、狩猎权、经商权上,而是要攻灭或控制黑人的王国,把黑人的土地拿到自己手上以进行农业矿业开发和移民殖民。在 19 世纪末 20 世纪初的约 20 年时间里,白人通过征服、胁迫、收买等多种方式将南部非洲整个地收入囊中。

在 19 世纪的最后 30 年里,传教士、商人、猎人、探矿者、殖民军人、殖民官员等在从开普到赞比西河的南部非洲的广大土地上活动,有像威廉·艾略特、大卫·卡内基这样的传教士;有像乔治·韦斯特比奇这样的商人;有像塞卢斯这样的猎人——先是猎象取牙,后来又狩猎多种动物用于为英国自然博物馆制作标本,再后来又引领英国南非公司的武装进占马绍纳兰和征服马塔贝莱兰;有像托马斯·巴恩斯这样的探矿者;有像巴登·鲍威尔这样的殖民军人;如此等等。

从 18 世纪末 19 世纪初到 19 世纪末 20 世纪初,每过 10 年都能找到一些有代表性的在南部非洲不同地方活动的人物,也能找到一些有分量或者有特殊价值的记录。这些记录会有一些交集,比如早期的记录总会涉及开普殖民地的荷兰殖民者、混血人群、霍屯督人、科萨人等,而再往后一点,除了这些人群仍会被涉及外,又加上了茨瓦纳人和而后的恩德贝莱人、绍纳人。那么,关于这一个个的族群,我们就可以在不同时期不同人的不同记录中寻找交集,不光能澄清关于他们的细节,还能构建他们在特定时期的发展变迁史。

再有,绝大部分到南部非洲的白人,无论他是传教还是经商,无论他是探险还是征服,开普敦或者更广泛一点的开普殖民地总是他们的必经乃至必作一段时间居留之处。而再往后一点,茨瓦纳人地区,就是又一个各种身份白人的必经之地。然后就是马塔贝莱兰,也一度是白人必到之处。那么,关于开普、茨瓦纳人地区、马塔贝莱兰等一个个的地方,我们也可以从不同时期不同人的不同记录中寻找交集。

更为重要的是,19 世纪及其前后百余年间产生的记录还可以让我们构建或短或长的连续。比如围绕开普殖民地的变迁,19 世纪初英国人刚接

手时的开普是什么样子,我们可以去巴罗和约翰·坎贝尔的记录中摸寻;
而十几二十年之后,汤普森又会给我们描述一个已与巴罗和约翰·坎贝尔
时不同的开普;19 世纪 30 年代往后,英国商人、狩猎者、探矿者以及一些
殖民军人和官员又会不断地呈现开普的变动。百余年间开普敦发生了什
么样的变化,百余年间白人殖民者的生产生活状况如何,百余年间开普殖
民地土著人的境地如何演变,我们可以从不同时期不同人的不同记录中寻
找资料和数据。

比如围绕马塔贝莱王国的兴衰,莫法特在这个王国肇始的阶段遇见姆齐
利卡策,然后与其相交数十年,他应该是关于马塔贝莱兰王国早期发展状况
的最有资格的发言者;然后是大卫·卡内基等一众传教士、塞卢斯等一众狩
猎者或者商人、巴登·鲍威尔等一众殖民军人或官员,他们的记录或呈现马
塔贝莱王国的政治、经济、社会与文化,或呈现姆齐利卡策和洛本古拉两王的
"其人其事",或呈现马塔贝莱王国与外部白人的合作与冲突。这样一来,马
塔贝莱王国这个 19 世纪南部非洲除祖鲁王国外最强大王国的历史就基本完
整地呈现出来。前已提及的《洛本古拉的倾覆》一书,可以说就是一部比较完
整的马塔贝莱兰王国史书,而它就是由塞卢斯、进占马绍纳兰和征服马塔贝
莱兰行动的主要军事指挥官福布斯少校和威洛比少校等人根据前人的资料
和自身的亲见亲闻亲历撰写而成的。①

其他如南部非洲白人社会的发展变迁、诸族群的发展变迁、某个领域情
况的变迁等,都可以依据相关人士的记录来整理脉络并寻找资料内容,从而
构建出一个特定时段内围绕特定对象的连续。

18 世纪末 19 世纪初在南部非洲的旅行者往往是想要了解"新世界"的
自然风物,他们怀揣着比较单纯的兴趣和探索未知的精神,走进并记录南部

---

① W. A. Wills and L. T. Collingridge, *The Downfall of Lobengula: The Cause*, *History*, *and Effect of the Matabeli War*, The African Review Offices and Simpkin, Marshall, Hamilton, Kent and Co., Ltd., 1894.

非洲。19 世纪 20 年代初英国移民进入后，他们开始展现在南部非洲求生存、谋发展的一面，而一些仍在英国的人则受到这种机遇与挑战并存的前景的吸引，也开始从更加现实的角度出发关注南部非洲。钻石和黄金发现之后，南非的经济由此起飞，南非的政治和土著社会群体的命运也彻底地被改变，这个时期的记录充斥的似乎要么是汲汲求利、控制、征服，要么讲的是拯土著于无知、愚昧、混乱的深渊泥潭之中。实际上，不光南部非洲本身的种种是一个变动的连续，南部非洲记录者的记录也是一个变动的连续。

　　交集可以从平行中寻找，也可以从连续中寻找；连续可以单纯地按照年代来推演，也可以在交集的基础上构建。选定一个对象，划定一个时段，19 世纪英国人关于非洲的种种记录就能够澄清一件事物或者呈现一个阶段。

三、比较与互证

　　在诸多记录中寻找交集和构建连续的过程实际上是一个综合、比较、互证、求真的过程。一个人的记录不可避免地会因浸染个人因素而难称客观，但如果把尽可能多的不同时期不同身份的人的记录进行对照，那我们还是能够找到一些切实的资料从而得出一些较为公允可靠的结论。

　　19 世纪英国人非洲行居记录资料是一个复合的整体，其内包含多种多层的局部，按照选定的对象和模式下进行排列组合，可在同一时期不同人的不同记录之间进行比较互证，可在不同时期不同人的不同记录之间进行比较互证，尽可能寻找真实或者契合之处。

　　而除了能在自身内部比较互证之外，19 世纪英国人非洲行居记录资料还可以与之前之后时代的资料进行比较互证，以今视昔，以后视今。

　　（一）同期内多人记录的互证

　　对于同一个对象，不同的亲见亲闻或亲历者可能会有不同的记录。这些不同的记录就可以拿出来作对照分析。

比如尼罗河探源者斯皮克见过尼奥罗国王卡姆拉西(Kamrasi),而在他之后不久到达大湖地区的贝克也见到了卡姆拉西。这样一来,斯皮克和贝克在尼奥罗王国的情况和尼奥罗国王其人方面的记录就可以比较互证。

斯皮克在从维多利亚湖往冈多科罗的途中,被阻滞于卡姆拉西的宫廷。斯皮克向卡姆拉西呈上一副眼镜、一把剪刀和一些摩擦火柴,都是能让卡姆拉西宫廷里面的人感觉新异有趣之物。但是,卡姆拉西另外还索要枪支,同时对斯皮克的带金链的精密天文表表示出强烈的兴趣,然而斯皮克觉得自己必须要用到这个表,所以不愿意交出。此后,卡姆拉西一直不肯放斯皮克走,并在某一天对斯皮克说自己的心脏出问题了,因为他总是想着那块表却得不到。无可奈何之余,斯皮克最终不得不把表给了卡姆拉西。① 但是,即便这样也并没有让卡姆拉西满意,他依然留着斯皮克不让他走。最后,斯皮克手头上仅剩的帐篷、蒸煮锅、锯子、蚊帐等都成了卡姆拉西的。②

贝克后来也见到卡姆拉西,他同样首先贡献礼物,包括一件白色羊毛披风、一条红色丝网纱巾、一双土耳其式的鞋子和几双袜子、一支双管枪和一些配套的弹药以及一堆上好的珠子。但是,卡姆拉西对这些兴趣都不是很大,当时他只是让贝克试一下枪,在发现枪能响之后才变得高兴了一些。此后,卡姆拉西要贝克协助他反对自己的敌人,贝克拒绝,表示自己唯一的目的就是找湖。然后卡姆拉西就跟贝克说湖非常非常远,以至于贝克手下的搬伕都散走了。卡姆拉西又索要贝克的剑、表和指南针,贝克不同意,结果双方不欢而散。卡姆拉西后来又与贝克交涉,说斯皮克给了他多少礼物,而贝克给的

① John Hanning Speke, *Journal of the Discovery of the Source of the Nile*, William Blackwood and Sons, 1863, pp. 512 - 517.

② John Hanning Speke, *Journal of the Discovery of the Source of the Nile*, William Blackwood and Sons, 1863, pp. 549 - 550.

件数要少一些,希望贝克能补上,像斯皮克一样多。贝克无可奈何,因为他也知道,"这个悲哀的、贪婪的、爱说谎的懦夫终究是一个国王,而我的探险能否成功也要依赖于他"。① 后来,卡姆拉西终于同意让贝克离开,而贝克也顺水推舟地将自己的剑和腰带送给了卡姆拉西。恰在此时,土耳其掠奴者进犯,卡姆拉西准备逃跑,贝克拿出一幅旧的英国国旗升起,最终逼退了土耳其人。卡姆拉西在惊疑之余,遂要求贝克把旗帜留给他。但贝克告诉他说,旗帜并不能随便与人,且旗帜升起时,旗下的人就得誓死捍卫,而不能逃跑。② 也就是因为这件事,卡姆拉西改变主意,继续阻挠贝克离开,因为他觉得贝克在这里就是一种保护。凡此种种,可以说真是让贝克无可奈何。

如果说只是斯皮克一个人与卡姆拉西闹得不愉快,那么还并不能说明问题,但如果有第二个人有几乎同样的遭遇的话,那么就要考虑一下卡姆拉西可能确实在某些方面存在问题。通过斯皮克和贝克各自对卡姆拉西记录的互证,可以说就能比较真实地呈现卡姆拉西这样一个历史人物了。

比如关于尼罗河-大湖地区的情况,有斯皮克、贝克、伯顿、格兰特、利文斯顿、斯坦利、弗尔尼·卡梅隆、约瑟夫·汤姆森等多人的记录,研究者可以把这些记录放在一起进行互证分析。即便我们说斯坦利是一个赤裸裸的殖民侵略者,但我们显然不可能一棒子打死,说从斯皮克到约瑟夫·汤姆森都一无是处,他们总会有客观可信的记录,关于非洲和非洲人也总会有说到点的地方。而且,我们且先不论是不是客观,光把就同一问题的记录列出来,就能够呈现一些真实。

在讲到中部非洲湖区的经济潜力时,弗尔尼·卡梅隆、利文斯顿、斯坦利均称中部非洲湖区为富饶之地,弗尔尼·卡梅隆还列了一张丰富的产品清

---

① Samuel W. Baker, *Albert N'Yanza*, *Great Basin of the Nile and Explorations of the Nile Sources*, Vol. II, Macmillan & Co., 1868, p. 65.

② Samuel W. Baker, *Albert N'Yanza*, *Great Basin of the Nile and Explorations of the Nile Sources*, Vol. II, Macmillan & Co., 1868, pp. 182 - 188.

单,包括金、银、铁、煤炭、铜、树胶、象牙、油料、蜂蜡、棉花、稻米、烟草、咖啡、皮毛等。但约瑟夫·汤姆森却没有这么乐观,他认为东中部非洲的主要潜力在于它会给英国的商品如曼彻斯特的布匹、伯明翰的小装饰品、谢菲尔德的餐具等提供广大的市场;相对而言,中东部非洲的原料供应能力较弱,因为这里矿产资源除铜外其他都不算丰富或者不具备充分的经济性,只有像树胶、象牙之类的产品可能还比较值得去开发。但是,交通运输问题是一大瓶颈,修建铁路和公路可能会成为必需,而这将意味着非常高的成本。① 利文斯顿、斯坦利、弗尔尼·卡梅隆说中部非洲资源丰富并不算错,但约瑟夫·汤姆森说这里的资源不具备充分的经济性或者还有交通运输困难等实际问题也有道理。实际上,把几个人的记录放在一起,不但不会互相否定,反而还能从多方面呈现事物本身。

(二)与 19 世纪之前时代记录的互证

19 世纪英国人非洲行居记录可与 19 世纪之前的多种记录进行互证。

比如在东南非,16 世纪即有葡萄牙人进入并开始留下一些文字资料,其中有关于位于今刚果(金)和赞比亚一带的卡曾伯王国的详细记录,这些可与19 世纪利文斯顿的相关记录互相印证。利文斯顿在卡曾伯王国时,去探访了此前葡萄牙人拉塞尔达殒命的地方。当地相关人士告诉他,拉塞尔达在卡曾伯的王庭跟阿拉伯奴隶贩子发生冲突,卡曾伯出面调解,并给了拉塞尔达 10 名奴隶,并派人帮拉塞尔达修房子,给他生活所需的柴火、水等;同时,卡曾伯也给了阿拉伯人一方同样的待遇。但在不久后,拉塞尔达就死了。② 而在拉塞尔达的记录中,当时卡曾伯王国一片混乱,他们也因此面临

---

① Joseph Thomson, *To the Central African Lakes and Back: The Narrative of the Royal Geographical Society's East Central African Expedition*, 1878 - 1880, Vol. II, Sampson Low, Marston, Searle & Rivington, 1881, pp. 279 - 291.

② Horace Waller, *The Last Journals of David Livingstone in Central Africa from 1865 to His Death*, Vol. I, John Murray, 1874, p. 246.

重重危险。①

利文斯顿也讲述了他所了解的以及他在卡曾伯那里听来的关于葡萄牙人访问卡曾伯王国的情况。他说葡萄牙人从很早开始就多次访问卡曾伯王国，不同的葡萄牙人似乎也遭遇了不同的卡曾伯王。佩雷拉（Manoel Caetano Pereira）于 1796 年访问卡曾伯王国，他的记录中说卡曾伯王有 20 000 名士兵，每天用水冲洗街道，每天用 20 名有罪之人献祭——对此，利文斯顿表示他当时未见也未闻有用人献祭之事，而当时卡曾伯王似乎连 1 000 名士兵都难集齐。②

蒙特罗（Monteiro）是另一位访问卡曾伯王国的葡萄牙人，他在自己的记录中说自己的货物被卡曾伯夺走。但利文斯顿访问时却被告知，卡曾伯当时在另一个地方，并不知晓蒙特罗货物被夺之事。而当时在场的一位阿拉伯人也告诉利文斯顿说蒙特罗在撒谎，他说当时并没有抢夺这回事，只是因为当时年景不好，物资短缺，蒙特罗不得不将自己的货物拿出来换粮食而不是奴隶和象牙。这个阿拉伯人认为，蒙特罗是为了欺骗出资者才编造货物被卡曾伯抢夺的故事。③

在南部非洲，19 世纪之前的斯巴尔曼、瓦朗特的记录则总是会被 19 世纪的巴罗、布切尔、汤普森、莫法特等提及，后者会从前者中获得重要的信息参考，但也会证伪前者的一些东西或者就同一对象提供与前者不同的见解，这就是一种互证。比如巴罗，他肯定前人的一些涉及广泛而有价值的记录，但同时也指出他们记录了很多霍屯督人讲述的荒唐故事。一些旅行者，由于

---

① Richard F. Burton（translate and annotate），*The Lands of Cazembe：Lacerda's Journey to Cazembe in 1798*；B. A. Beadle（translate），*Journey of the Pombeiros P. J. Baptista and Amaro José, across Africa from Angola to Tette on the Zambeze*；John Murray，1873.

② Horace Waller，*The Last Journals of David Livingstone in Central Africa from 1865 to His Death*，Vol. I，John Murray，1874，p. 265.

③ Horace Waller，*The Last Journals of David Livingstone in Central Africa from 1865 to His Death*，Vol. I，John Murray，1874，p. 294.

走马观花,会单纯地认为他们所遭遇的土著都善良而友好,比如说茨瓦纳人
具有开放、慷慨、诚实、爱好和平等多种优良品质之类,但汤普森却认为这些
描述有偏误,他觉得茨瓦纳人奸诈、狡猾,总是欺凌弱小的相邻族群,抢他们
的牛等,特别是对布须曼人的掠夺和压迫,简直是惨无人道。① 而莫法特也
提到为什么之前的一些旅行者会对土著抱有好感,他觉得是因为那些只是
旅行者,在土著中待的时间很短,实际上不可能对他们形成完整正确的
认识。②

（三）与 19 世纪之后人类学家调查研究成果的互证

19 世纪末 20 世纪初欧洲人在非洲的殖民统治逐渐确立之后,殖民当局
开始有组织、有计划地对其所统辖地区的自然条件、居民、历史和文化等进行
调查和资料的搜集、整理和研究,包括委托一些专业的人类学家对特定地区
或特定族群进行跟踪观察和研究等,由此贡献了多种多样具有科学规范性和
权威价值的材料。当我们涉足相关地区和相关族群的历史时,就可以把相关
的 19 世纪英国人非洲行居记录与 20 世纪官方和人类学家的调查研究成果
放在一起对照分析。

利文斯顿 4 次旅行,到达东南部非洲的多个地区,接触了中南部非洲的
众多族群比如茨瓦纳人、洛兹人、科洛洛人、通加人、奔巴人、隆达人、恩戈尼
人、姚人等,其中一些族群在后世得到人类学家的关注。后世以北罗得西亚
为基地的罗得斯－利文斯顿研究所（Rhodes-Livingstone Institute）组织人类
学家对涉及今赞比亚、津巴布韦、马拉维、坦桑尼亚等国的多个族群进行调查
研究,贡献了诸多民族志材料和人类学研究成果,比如有马克斯·格拉科曼
关于洛兹人的研究、伊丽莎白·科尔森关于通加人的研究、奥黛丽·理查兹

---

① George Thompson, *Travels and Adventures in Southern Africa*, Vol. I, Henry Colburn, pp. 335－336.

② Robert Moffat, *Missionary Labours and Scenes in Southern Africa*, Robert Carter, 1844, pp. 174－175.

关于奔巴人的研究、米歇尔（J. C. Mitchell）关于姚人的研究等。这些人类学家在回顾自己所关注族群的过去时，往往会借助利文斯顿的相关记录，同时又有时会对利文斯顿的记录有一些深化、扩展乃至纠正。①

在最后一次旅行中，利文斯顿进入今赞比亚东北部一带，在这里有班戈乌鲁湖（Lake Bangweulu）、姆韦鲁湖（Lake Mweru）、谦比西河（Chambeshi River）、卢阿普拉河（Luapula River）等，渔业资源丰富。利文斯顿在关于这一地方的记录中多次描述这里的鱼类、渔民、捕鱼、食鱼、渔产品加工和贸易等方面的情况。他讲这里的人——包括卡曾伯王——提供的食物中总是有鱼、渔民使用芦苇劈片制成的鱼罾捕鱼、在姆韦鲁湖边发现被弃的渔村，当时利文斯顿还选了几座茅屋临时栖身。② 而后来罗得斯-利文斯顿研究所有一位叫伊恩·坎尼森（Ian Cunnison）的人类学家在姆韦鲁湖和卢阿普拉河一带进行田野调查和研究，他对这里的自然条件与居民生产生活进行了描述，系统地介绍了这里的渔民以及这里的渔业经济，他讲到渔民向卡曾伯王进贡渔产品，讲到有商人来收购，并且他还附上了渔村、渔网清理、渔产品贸易的照片——如此等等，都可以与利文斯顿的记载进行对照。而这位人类学家的研究成果表明，利文斯顿所说的"被弃的渔村"其实只是渔民根据水位的涨退或者渔捞的实际需要而季节性地空置或占用，并不是真正的"被弃"。③

在南部非洲活动人士的记录中，大多涉及布须曼人。在白人和黑人的双重挤压之下，19世纪时布须曼人主体已遁入卡拉哈里地区，行经卡拉哈里或在卡拉哈里周边活动的白人通常会与他们遭遇。特别是传教士和猎商，他们

① 关于此方面的基本情况可参考：Elizabeth Colson and Max Gluckman（ed.），*Seven Tribes of Central Africa*，Manchester University Press，1959；也可参见：刘伟才、严磊，《罗得斯-利文斯顿研究所述论》，《西亚非洲》2012年第4期。
② Horace Waller，*The Last Journals of David Livingstone in Central Africa from 1865 to His Death*，Vol. I，John Murray，1874，p. 289.
③ Ian Cunnison，*The Luapula Peoples of Northern Rhodesia*，Manchester University Press，1959，pp. 1-16；照片见第16页和第17页之间的插页。

与布须曼人的正面交流比较多,他们有时会与布须曼人开展以物易物贸易,有时会临时或短期雇佣布须曼人干活,而一些传教士则更是曾试图在布须曼人中传教。在 19 世纪 20 年代于南部非洲旅行探险的汤普森和在茨瓦纳人地区传教的莫法特的记录里,在 19 世纪 40 年代于开普和恩加米湖间活动的利文斯顿以及一众或与布须曼人交易或雇佣布须曼人做向导、搬运工的猎商们的记录中,布须曼人的体质、物质生产生活、宗教文化、语言、与其他族群如茨瓦纳人的关系等都有所呈现。

布须曼人这支所谓"远古人类某支的孑遗"后来也受到一拨又一拨人类学家的关注。1936 年,南非金山大学(University of Witwatersrand)组织了一支由多学科人员——包含体质人类学研究者、非洲语言学者、应用心理学学者、非洲传统音乐搜集研究者——组成的团队,对布须曼人进行调查研究;1956—1971 年间,金山大学的解剖和人体生理学家菲利普·托比亚斯(Phillip V. Tobias)设立并运转一个叫卡拉哈里研究委员会(Kalahari Research Committee)的机构,长期对布须曼人进行研究,每年都往布须曼人的地方作两到三次的实地调研;此后,来自美国、英国、德国等地的研究者也加入进来,除了人类学学者外,还有生物学学者、营养学学者、人口学学者、考古学者、历史学者等。在数十年的时间里,这些专业的研究者们记录了布须曼人的诸方面:体质与生理状况、物质技术如取火、制箭和建茅屋、日常饮食起居、社会组织和组织内部关系、语言、音乐、信仰等。[①]

数十年的人类学和其他相关研究比较深入地摸清了布须曼人方方面面的情况,进一步明晰了 19 世纪由传教士、商人、猎人和旅行家等呈现的布须曼人的形象。19 世纪作者们的随心记录和思考具有更多的感性成分,但他们呈现的布须曼人更原始、更真实;20 世纪的调查研究则提供了丰富的经过测量、整理和分析的数据,但他们所见所研的布须曼人实际上已有了比较多"文明社会"

---

① 关于布须曼人研究的发展可见:A. J. G. M. Sanders, *Speaking for the Bushmen*, The Botswana Society, 1995, pp. 1 - 39。

的痕迹。两种知识各有所长，各有所短，尤其需要开展比较互证研究。

四、与其他类型资料的结合

非洲史研究具有一种对资料的渴求，因此，它实际上不排斥任何有价值的资料，无论其形式如何。

强调文字性的行居记录资料的重要地位乃至某些情况下的不可或缺，并不是为了贬低其他类型资料。尽管考古资料严重不足、口述资料可靠性堪疑是客观存在的问题，而语言学资料搜集和利用仍有待开拓，人类学资料"以今证古"也需谨慎，但有用则用，可用则用，这些类型的资料仍然能够在特定条件下发挥自己的功能。

当19世纪那么多英国人在非洲各地行走和居留时，他们也少有文字的记录可得可看，他们获取信息的途径也无非看和听。从实际内容来看，一些行居记录资料恰恰是非洲旧物遗存的描绘者以及口述资料和语言的记录者，而行走居留者历见并记录的经济政治、社会文化、风土人情也并不逊色于后世的人类学家。行居记录资料在一定程度上与所谓专业的考古资料、口述资料、语言资料和人类学资料有重合之处，行居记录资料绝不排斥其他类型的资料，而是会尽可能地与它们结合。

行居记录资料描绘旅行者当时所见的古物旧迹，有的可能会做一番探寻，有的可能就是走马观花看一看，而后世的专业考古学家则会做具体的发掘、搜寻以及研究。比如前文所及，伯顿等人曾描述东非内陆的盐矿，其中乌芬扎（Uvinza）的采盐地在20世纪60年代时就得到考古学家的发掘研究，他们发现了盐坑和烧滤制盐所用的陶器，证实了伯顿等人所见并记录下来的采盐生产。①

----

① J. E. G. Sutton, The Archaeology of Uvinza and Its Salt Industry, *Azania*, Vol. 3, 1968, Issue I.

　　最典型的行居记录资料与考古研究结合的例子是大津巴布韦。大津巴布韦在 19 世纪之前就已为阿拉伯人和葡萄牙人提及,而后在 19 世纪 60 年代时被南部非洲的白人发现,一些人一度认为这是所谓"俄斐"——所罗门王的黄金地。一些人对遗址进行了实地的探访。探矿者巴恩斯对石建的堆砌和纹饰等进行了描述,并提出了自己的见解,他对"俄斐说""谁是石建的建造者"等问题持开放态度,认为可以继续讨论。[①] 猎人塞卢斯也对遗址进行了探访和仔细的考察,并听取了当地人的一些看法,他对石建进行了比较细致的描述,特别是对后世被当作津巴布韦国家象征的皂石鸟进行了研究,他提出这种皂石鸟在任何其他地方的班图人中都找不到关联类似的东西,而这种皂石鸟又可能与某种古代的信仰有关。塞卢斯还对与石建可能相关的阿拉伯人贸易活动、葡萄牙人与阿拉伯人关系、东南非的黄金开采和贸易、当时所见土著的建筑形态等问题进行了分析。[②] 进入 20 世纪后,一些考古学家开始关注大津巴布韦问题,并从专业与科学的层面去发掘、测量和研究。但实际上,专业考古学家介入时的大津巴布韦已不是原初状态,而是有了很多打乱和破坏,因此他们有时也要参考 19 世纪时一些到访者的记录,以此才能明了石建的尽可能原初的状态。

　　就口述资料来说,行居记录实际上是口述资料的记录者。当白人想要了解非洲的某样事物时,他除了自己看自然、实物、现场或者其他白人的记录之外,就是听非洲人口述,特别是一些族群、酋邦或者王国的历史,那些对此感兴趣的白人,总是会主动去询问非洲人,让非洲人讲给他们听。所以,当汤普森讲科萨人的历史时,他说他是"根据我从他们的老人那里收集来的传说记

① Thomas Baines, *The Gold Regions of South Eastern Africa*, Edward Stanford, 1877, pp. 121-122.

② Frederick Courteney Selous, *Travel and Adventure in South-East Africa*, Rowland Ward and Co., Limited, 1893, pp. 326-342.

录";①利文斯顿在卡曾伯王国时，一个叫佩伦贝（Perembe）的老人号称是王国内最早见到欧洲人的人，他向利文斯顿提供了卡曾伯的世系和王名录信息；②斯坦利在记干达王国的历史时利用的也是干达人的口述资料，干达人的传说称金图（Kintu）是他们的始祖，但对始祖金图的强调导致了对金图之后一连串统治者的忽略，结果"金图"成了一个遥远的传说，而其他的内容却都陷入模糊。斯坦利记录了相关的口述资料，但也明确提出其不确定的特性——而这种针对口述资料的一分为二的做法恰恰是后世研究利用非洲人口述资料的专业学者所秉持的。

就语言资料来说，19世纪在非洲旅行和居留的一些英国人本身就是非洲语言使用和研究的好手，其原因之一是一些人需要用到相关语言。当然，也有比较偏学术性质的关注者。帕克简单地谈过曼丁哥人的语言，记录了他们的数字表达；③汤普森等南部非洲的旅行者也会关注科萨人、霍屯督人、茨瓦纳人以及布须曼人的语言，特别是布须曼人的语言，因为布须曼人的语言不同于与它们共处的任何一个族群的语言。更难能可贵的是哈里·约翰斯顿，他是较早发现中南部非洲内陆广大地区黑人在语言方面存在联系的人之一，并且他还作了开创性的研究，撰写了《班图语和次班图语比较研究》，为后世以历史语言学方法研究非洲史打下了重要基础。④ 当然，最了解非洲人语言的要数传教士，因为他们要在非洲人中传教就必须懂非洲人的语言。到了后期，一些传教士还尝试把《圣经》之类的文本翻译成以拉丁字母拼写的当地

---

① George Thompson, *Travels and Adventures in Southern Africa*, Vol. II, Henry Colburn, 1827, p. 336.

② Horace Waller, *The Last Journal of David Livingstone in Central Africa: From 1865 to His Death*, Vol. I, John Murray, 1874, p. 295.

③ Mungo Park, *Travels in the interior districts of Africa*, *performed in the years 1795, 1796 and 1797*, Vol. I, John Murray, 1816, p. 24.

④ Harry Johnston, *A Comparative Study of the Bantu and Semi-Bantu Languages*, Oxford University Press, 1919.

语言,或者编纂当地语言与英语的对照词典,可以说为非洲语言的记录和研究以及非洲语言的文字化作出了非常重要的贡献。

至于人类学资料,可以说19世纪在非洲旅行和居留并留下相关记录的每一个英国人都在不同程度上可以称作是人类学家,或者至少可以说,他们的记录里有很多人类学家也会关注的内容。唯一的区别在于,行居记录资料中的人类学内容可能更直观、感性,而后世所谓的专业人类学家则多了些理论、框架而已。但就资料本身呈现的画面来说,行居记录资料的价值恐怕不输于专业人类学家的专门的人类学调查研究资料。

19世纪行居记录资料内容的多样性也意味着它们的利用价值和利用方式的多样性,只是需要注意两点:首先,行居记录资料的丰富和重要价值并不意味着它是"万灵药",即便可以从中撷取各种论据、可以基于其呈现细节深入的交集和构建在不同层面上可称完整的连续,也仍要注意综合比较,互证求真;其次,说行居记录资料的优异性和说考古、口述、语言、人类学诸种资料的局限并不是一个二元对立,也更不是要贬低后者,只是说前者的可用性、指示性要强一些,而后者则需要进一步努力发掘、开拓。有可用则用之,无则求于它处,多种类型的资料可以比较,可以互证,也可以互相借助,交织糅合,这样反而更能凸显行居记录资料的价值。

结语
进一步的探索

自 20 世纪 40 年代以来，欧美学界不断探索解决非洲史研究中资料缺乏问题的方案，进行了发掘和利用考古资料、口述资料、语言资料和人类学资料等的多种尝试。这些尝试取得了可喜的成果，但问题也很多。特别是造成了一种"非洲例外"氛围，让一些学者特别是非洲的民族主义学者认为，非洲就是跟其他地方不一样，非洲史就是可以有一种独有的研究和书写方式。但是，在资料缺乏或可靠性不足的客观限制之下，非洲史研究和书写总是会感到局促。

我们仍无法改变的是，文字资料确确实实是历史研究和书写的一个重要基础。在有文字资料的基础上再去开拓利用别的资料，会使历史研究和书写更具内容、更能进步；而在没有文字资料或极少文字资料的情况下硬性地去拔高一些并不丰富、并不厚实甚至存在明显问题的其他类型资料，则是一种不负责任。

迄今为止，国内非洲研究学界对 20 世纪之前欧洲人在非洲旅行和居留的情况了解仍非常不够，对他们留下的记录很少关注，更谈不上进行专门的搜集、整理和研究。一个重要原因在于，国内学界在贬斥殖民主义的框架话语之下，认为当时欧洲人留下的记录充满偏见，否认其资料价值。

但需要看到的是，在非洲活动的欧洲人不是一个两个人，而是一个构成复杂的大群体，我们或许可以说他们都是"殖民者"，但即便如此，不同"殖民者"的动机和实际活动也是不同的。有的"殖民者"从一开始就贬斥非洲和非洲人，有的"殖民者"则想着要"拯救"或者"提升"非洲人；有的"殖民者"总喜欢以自己的眼光和标准看非洲和非洲人，有的"殖民者"则会从非洲和非洲人的角度观察和考虑一些问题；有的"殖民者"带着赤裸裸的私利和扩张目的，有的"殖民者"则只是想看看非洲的山川动植物和民风民俗；有的"殖民者"在非洲的某个地区走马观花，有的"殖民者"则一住数年数十年。如此多样的一群人，如果我们一律地说他们抱有偏见，那可能就是我们自己的偏见了。而值得明确的是，一个未到其地未见其人其事的人是没有多少资格从表面出发指点亲见亲闻亲历者的记录的。

其实，我们还是可以回到单纯的资料和资料利用层面。诸如对表面现象的文字描绘和记录、人事物的图像、数字等，不能说它们没有主观成分，但如能去除一些偏向性的界定和评价，它们的客观性就能大大提升，至少是可作重要的参考或者指示。还有一些较为复杂的过程、事件、人物等，其实让谁来做记录都可能会出现偏差，"殖民者"这样说或许不对，但非洲人那样说就一定对吗？关键是我们要去综合、比较、互证，而不是不由分说地在刻意忽视或压低一面的同时支持或拔高另一面。

不管怎样，殖民时代殖民者留下的文字记录是非洲历史研究和书写的一个重要的基础，正像殖民时代是非洲历史不可抹去的一段一样。

19 世纪英国人行居记录资料的丰富的内容和重要而独特的价值已无须再赘言，对其进行发掘和利用大有可为。而在 19 世纪之外，在英国人之外，还有更广阔的空间待我们开拓。

当然,这意味着未来的挑战很多。

首先,我们现在能较好地发掘和利用的仍主要是英语资料,而就非洲历史来说,阿拉伯语资料、葡萄牙语资料、法语资料、德语资料等也都很重要,也会具有独特的价值。比如在东北非、东非沿海-内陆、东南非,除了英国人之外,阿拉伯人的活动开始的时间更早,持续的时间更长,活跃度也很高;再往后一点是葡萄牙人,他们在 19 世纪之前早已多次从大西洋海岸和印度洋海岸向非洲中部内陆挺进,还有进入非洲之角内陆地区的活动等,虽然葡萄牙留下的记录相对于 19 世纪英国人的记录而言不算丰富,但也具有不可替代的地位;至于法国和德国,也有一些非常重要特别是视角独特或者专业的记录,而法国更曾是非洲大片地区的宗主,法国人记录的丰富程度和重要性可以说仅次于英国人。因此,非英语资料的搜集、整理和利用将是一个大有可为的领域。

其次,我们现在能较好地发掘和利用的仍主要是已出版或能从公开途径获取的资料,而实际上还有很多藏于公私图书馆或档案馆的资料,以及一些公司或者机构的业务性记录等,如各种公文和报告、皇家地理学会、各传教会及传教站和非政府组织等机构的档案资料;还有一些由家庭保留的日记、信件、图像资料等,往往能呈现细节,有的还能揭示一些未知或私密的内容。这些资料有的在欧美国家,有的在非洲;有的在可进入的图书档案馆,有的则需要沟通协调才能接触。从量上来说,未公开的资料恐怕不输于已公开者。这些资料的搜寻、整理和利用将需要长期的人力、物力和财力投入,且不光是学者本身要投入,还有相关研究机构的投入,更需要相关国家政府和相关收藏者的开放、配合,这些无疑都是非常艰巨的任务。

再次,行居记录资料与其他类型资料的结合利用有非常广阔的空间。一方面,考古资料、口述资料、语言资料、人类学资料等的开发和利用仍然在持续,一些自然科学的研究也在提供一些帮助,虽然总体推进速度缓慢,但仍在慢慢积累。随着这些资料的增加,行居记录资料的搜集和利用也要做相应的调适,既要发挥辅证支撑的作用,还要能做到引领和指示。另一方面,行居记录资料与其他类型资料结合利用的方法和理论建设也有待进一步推进,比较互证的标准、交集和连续呈现的模式以及相关史学方法论的构建都值得探索。多种资料相结合,实际上已是非洲史研究的一条公认的途径,这初看是一种无奈,但再审视却能发现它其实代表一种新的可能,由此而得的成果或许仍值得推敲,但由此而得的方法和理论恐怕还是会有其独特的价值。

最后,最关键的在于,我们要破除"殖民者的记录充满对非洲和非洲人的偏见"这种不由分说的偏见。实际上,只有去搜集这些记录并进行一定的整理和研究之后,只有阅读了一些人的文字之后,我们才能来谈"是不是有偏见""是怎样的偏见""有多少偏见"等问题。而且,重要的是,学者应该做的是通过研究去甄别并克服偏见,而不是视而不见。

图书在版编目(CIP)数据

非行者言：19世纪英国人非洲行居记录的史料价值及其利用 / 刘伟才著. —上海：上海社会科学院出版社,2018

ISBN 978 - 7 - 5520 - 2295 - 7

Ⅰ.①非…　Ⅱ.①刘…　Ⅲ.①非洲—近代史—史料　Ⅳ.①K404

中国版本图书馆 CIP 数据核字(2018)第 087505 号

非行者言

——19 世纪英国人非洲行居记录的史料价值及其利用

著　　者：刘伟才
责任编辑：路征远
封面设计：裴幼华
出版发行：上海社会科学院出版社
　　　　　上海顺昌路 622 号　邮编 200025
　　　　　电话总机 021 - 63315900　销售热线 021 - 53063735
　　　　　http://www.sassp.org.cn　E-mail:sassp@sass.org.cn
排　　版：南京展望文化发展有限公司
印　　刷：上海新文印刷厂
开　　本：710×1010 毫米　1/16 开
印　　张：8.25
插　　页：2
字　　数：109 千字
版　　次：2018 年 5 月第 1 版　2018 年 5 月第 1 次印刷

ISBN 978 - 7 - 5520 - 2295 - 7/K·441　　　　定价：48.00 元